TESTING PROGRAM

Basic Spanish Grammar
Fifth Edition

Getting Along in Spanish
Fourth Edition

Spanish for Business and Finance
Fifth Edition

Spanish for Social Services
Fifth Edition

Spanish for Law Enforcement
Fifth Edition

Spanish for Teachers
Fourth Edition

Spanish for Medical Personnel
Fifth Edition

Spanish for Communication
Fourth Edtion

Ana C. Jarvis
Chandler-Gilbert Community College

Raquel Lebredo
California Baptist College

Francisco Mena-Ayllón
University of Redlands

D. C. Heath and Company
Lexington, Massachusetts   Toronto

Address editorial correspondence to:
D. C. Heath and Company
125 Spring Street
Lexington, MA 02173

Acquisitions: Denise St. Jean
Development: Sheila McIntosh
Editorial Production: Elizabeth Emmons/Julie Lane
Production Coordination: Lisa Merrill

International Standard Book Number: 0-669-35456-2

10 9 8 7 6 5 4 3 2 1

Preface

The *Basic Spanish Grammar*, Fifth Edition, program provides an unparalleled introduction t grammar and communication for students or professionals seeking a working knowledge of Spanish. This complete program includes the following materials.

Basic Spanish Grammar

- Student's Edition
- Instructor's Edition

Communication and Career Manuals

- *Getting Along in Spanish*, Fourth Edition
- *Spanish for Business and Finance*, Fifth Edition
- *Spanish for Law Enforcement*, Fifth Edition
- *Spanish for Medical Personal*, Fifth Edition
- *Spanish for Social Services*, Fifth Edition
- *Spanish for Teachers*, Fourth Edition
- *Spanish for Communication*, Fourth Edition

Components

- Cassette Programs for *Basic Spanish Grammar* and for each manual
- Tapescripts
- Testing Program/Transparency Masters
- Specially discounted packages with *Basic Spanish Grammar* or any manual and its cassette program

About the Testing Program

The Testing Program for the *Basic Spanish Grammar* program provides an effective means of evaluating students' progress throughout the course. It reflects the revised scope and sequence of the core text and corresponding changes to *Getting Along in Spanish* and the career manuals.

The Testing Program consists of the following materials.

- Twenty lesson quizzes (*Pruebas*) for *Basic Spanish Grammar*
- Two in-class midterms, two take-home midterms, and two final exams for *Basic Spanish Grammar*
- A sample vocabulary quiz for each communication and career manual
- Two final exams for each communication and career manual
- An answer key

Suggestions for Scheduling and Grading Quizzes and Tests

During each class period, a maximum of 25 minutes should be devoted to the study of grammar structures. Students should be assigned to read all explanations and examples in the *Basic Spanish Grammar* textbook before class as home work and, if possible, to go through the exercises. All Students should participate in reviewing these materials in class, as part of a whole-class activity or in pairs when appropriate. When the instructor is satisfied that students understand all the material in a given lesson, a 50-point quiz (included in the Testing Program) may be administered.

After completing the grammar sections in the textbook, students should work on the activities in the corresponding lessons of the manual selected for the course. (If more than one career manual is being used in the classroom, students should be grouped according to their professional interests.) Before coming to class, all students should have listened to the audiocassette material for the appropriate manual at least three times. Students should role-play each dialogue and progress through the activities to the more open-ended role-plays at the end of the lesson. The activities in the manuals may either be done in pairs, in small groups, or assigned as homework, giving instructors the flexibility required for effective management of class time. When students work in pairs or groups, the instructor should circulate around the classroom to answer questions, correct pronunciation and intonation, and evaluate students' progress. A vocabulary quiz for the lesson may be given before or after students complete the lesson activities; sample vocabulary quizzes for each manual are included in the Testing Program.

Depending on available class time, either an in-class or a take-home midterm examination may be given for *Basic Spanish Grammar*; both are included in the Testing Program. The final examination should consist of four parts, two written (also included in the Testing Program) and two oral.

Written

1. Grammatical structures and vocabulary in *Basic Spanish Grammar*.
2. Vocabulary related to *Getting Along in Spanish* or the appropriate career manual.

While students are taking the written portion of the exam, the instructor should call on individuals, one at a time, and administer a two-part oral exam.

Oral

1. Ten general questions.
2. An appropriate, career-specific situation to be role-played, such as, "A parent brings his/her child to the doctor . . . ", with the instructor playing the second part.

To arrive at an objective course grade in a class covering ten lessons per semester, the following point system might be used.

Grammar quizzes (50 points each)	500 pts.
Vocabulary quizzes (10 points each)	100 pts.
Dialogues / Roleplays (20 points per lesson)	200 pts.
Midterm exam	100 pts.
Class participation	200 pts.
Final exam	
[Grammar = 100 points;	
Vocabulary (from manual) = 50 points;	
Ten oral questions = 100 points;	
Role-play = 50 points]	300 pts.
TOTAL	1400 pts.

Conversion to letter grade: A = 1260–1400; B = 1120–1259; C = 980–1119; D = 840–979; F = 0–839.

About the Transparency Masters

New to this edition, the transparency masters supply instructors with a visual means of presenting or reviewing material in the classroom. This component contains

- twenty transparency masters with illustrations from *Getting Along in Spanish*;
- five transparency masters with various diagrams of the human body from *Spanish for Medical Personnel*.

A Final Word

Your comments and suggestions are of value to us. Please write to us care of D.C. Heath and Company, Modern Languages, College Division, 125 Spring Street, Lexington, Massachusetts 02173.

A. C. J.
R. L.
F. M.-A.

Contents

Testing Program for *Basic Spanish Grammar*

Pruebas

Exámenes

Testing Program for the Communication and Career Manuals

Getting Along in Spanish

Spanish for Business and Finance

Spanish for Law Enforcement

Spanish for Medical Personnel

Transparency Masters for *Getting Along in Spanish*   97

Transparency Masters for *Spanish for Medical Personnel*   141

Answer Keys

Basic Spanish Grammar, Fifth Edition
Oral questions for *Pruebas, Lecciones 1–20*

Lección 1

1. ¿Ud. toma refresco o cerveza?
2. ¿Estudia Ud. por la mañana, por la noche o por la tarde?
3. ¿Habla Ud. francés?
4. ¿Ud. trabaja?
5. ¿Qué hora es?

Lección 2

1. ¿De dónde es Ud.?
2. ¿Ud. aprende mucho en la clase?
3. ¿Ud. bebe café o leche por la mañana?
4. ¿Ud. come pescado o pollo?
5. ¿Dónde vive Ud.?

Lección 3

1. ¿De dónde es Ud.?
2. ¿Da Ud. muchas fiestas en tu casa?
3. ¿Adónde va Ud. los sábados?
4. ¿Dónde están sus amigos ahora?
5. ¿Ud. visita a sus amigos a menudo?

Lección 4

1. ¿Ud. tiene hermanos?
2. ¿Qué tiene que hacer Ud. mañana?
3. ¿Ud. es mayor o menor que su mejor amigo?
4. ¿A qué hora viene Ud. a la universidad?
5. ¿Cuál es el mejor hotel de la ciudad?

Lección 5

1. ¿Ud. va a viajar el verano próximo?
2. En un hotel, ¿prefiere Ud. estar en el primer piso o en el décimo piso?
3. ¿Ud. va al cine los viernes?
4. ¿Qué revista lee Ud.?
5. ¿A qué hora es la cena en su casa?

Lección 6

1. ¿Está Ud. escribiendo con pluma o con lápiz?
2. ¿A qué hora se cierra la librería de la universidad?
3. ¿A qué hora vuelve Ud. a su casa?
4. Cuando Ud. va al cine, ¿quién va con Ud.?
5. ¿A qué hora almuerza Ud.?

Lección 7

1. Cuando Ud. necesita un libro, ¿lo compra en la librería de la universidad?
2. ¿A qué hora sale Ud. de su casa por la mañana?
3. ¿Ud. sabe mi dirección?
4. Cuando Ud. viaja, ¿dónde compra los pasajes?
5. ¿Dónde puedo conseguir revistas en español?

Lección 8

1. ¿Ud. prefiere nadar o esquiar?
2. ¿Qué le va a regalar Ud. a su amigo?
3. ¿Cuánto cuestan las entradas para un partido de básquetbol?
4. Si Ud. les pide dinero a sus padres, ¿ellos se lo dan?
5. Yo necesito su libro de español. ¿Puede Ud. prestármelo?

Lección 9

1. ¿Ud. se lava la cabeza cuando se baña?
2. Mis pantalones son negros. ¿De qué color son los suyos?
3. ¿Cómo se llama la peluquería adonde va Ud.?
4. ¿A qué hora se acuesta Ud.?
5. ¿A qué hora se levanta Ud.?

Lección 10

1. ¿Con quién habló Ud. anoche?
2. ¿Adónde fue Ud. ayer?
3. ¿Ud. le dio dinero a alguien?
4. En la ciudad donde Ud. vive, ¿nieva en el invierno?
5. ¿Se pone Ud. abrigo o impermeable cuando nieva?

Lección 11

1. ¿Cuánto tiempo hace que Ud. vive en (state)?
2. ¿Dónde vivía Ud. cuando era niño(a)?
3. ¿Dónde estuvo Ud. ayer?
4. ¿Qué tuvo que hacer Ud. anoche?
5. ¿A qué hora vino Ud. a la universidad hoy?

Lección 12

1. ¿Adónde fue Ud. de vacaciones el verano pasado?
2. Los sábados, ¿prefiere Ud. salir o quedarse en casa?
3. ¿Dónde conoció Ud. a su mejor amigo(a)?
4. ¿Qué estaban haciendo Uds. cuando yo llegué a la clase?
5. ¿Ud. sabe escribir a máquina?

Lección 13

1. ¿Qué le gusta hacer a Ud. los sábados?
2. ¿Ud. se divierte en las fiestas?
3. ¿Tiene Ud. mucho dinero o le hace falta más?
4. ¿Ud. les miente a sus amigos a veces?
5. ¿Qué toma Ud. cuando le duele la cabeza?

Lección 14

1. ¿Había tomado Ud. español antes de tomar esta clase?
2. ¿Cuánto tiempo hace que Ud. empezó a estudiar español?
3. ¿Cuántas horas ha estudiado Ud. hoy?
4. ¿Ha visto Ud. a sus padres hoy?
5. ¿Las ventanas de su cuarto están abiertas o cerradas ahora?

Lección 15

1. ¿Qué tendrá que hacer Ud. mañana?
2. ¿Vendrán Uds. a clase mañana?
3. ¿A qué hora volverá Ud. a su casa hoy?
4. ¿Qué haría Ud. con mil dólares?
5. ¿Adónde le gustaría ir de vacaciones?

Lección 16

1. ¿Qué quiere Ud. que yo le traiga de la cafetería?
2. Mañana voy a un restaurante mexicano. ¿Qué me recomienda Ud. que pida?
3. Me duele la cabeza. ¿Qué me sugiere Ud. que haga?
4. No tengo coche. Ud. me sugiere que compre un coche o que alquile uno?
5. Tengo un mes de vacaciones. ¿Adónde me recomienda Ud. que vaya?

Lección 17

1. ¿Se alegra Ud. de estar en esta clase?
2. ¿Conviene o no tener exámenes?
3. ¿Qué nota espera Ud. que yo le dé?
4. ¿Es necesario que Uds. tomen el examen hoy?
5. ¿Entiende Ud. el español si le hablan rápidamente?

Lección 18

1. ¿Es verdad que Ud. viene a clase todos los días?
2. ¿Cree Ud. que va a sacar una A en este examen?
3. ¿Está Ud. seguro que va a tomar español el próximo año?
4. ¿Hay alguien aquí que hable más de dos idiomas?
5. ¿Conoce Ud. a alguien que hable italiano?

Lección 19

1. ¿Qué va a hacer Ud. cuando llegue a su casa?
2. Mañana llegaré tarde. ¿Van a esperame Uds. hasta que yo venga?
3. ¿Conoce Ud. a alguien que haya vivido en Perú?
4. ¿Es verdad que Ud. ha comprado un Mercedes Benz?
5. ¿Qué va a hacer Ud. para que yo le dé una buena nota?

Lección 20

1. ¿Qué querían sus padres que Ud. hiciera cuando era chico(a)?
2. Si necesitara dinero para comprar un coche, ¿qué haría Ud.?
3. ¿Qué haría Ud. si tuviera muchísimo dinero?
4. ¿Qué les dije yo que hicieran antes del examen?
5. ¿Qué haría Ud. si no pudiera venir a clase?

Prueba, Lección 1

A. Answer the oral questions, using complete sentences. (15 pts.)

1. _____

   _____

2. _____

   _____

3. _____

   _____

4. _____

   _____

5. _____

   _____

B. Complete the following sentences, using the present indicative of the verbs in parentheses. (10 pts.)

1. Nosotros _____ (hablar) español y ellos

   _____ (hablar) italiano.

2. Yo _____ (trabajar) en un restaurante. ¿Dónde (*Where*)

   _____ (trabajar) tú?

3. ¿Qué _____ (desear) Ud.?

4. Teresa _____ (necesitar) veinte dólares. ¿Cuánto (*How much*)

   _____ (necesitar) Uds.?

5. Ellos _____ (estudiar) mucho, pero Carlos no _____

   (estudiar).

6. Elena y yo _____ (tomar) Coca-Cola.

C. Write the following numbers in Spanish. (10 pts.)

1. 568 _____

2. 715 _____

3. 919 _____

4. 1.000 _____

5. 5.300 _____

D. Write the following sentences in Spanish. (9 pts.)

1. Do you drink wine, Miss Salcedo?

   _____

2. He studies at five o'clock in the afternoon.

   _____

E. Complete the following sentences, using vocabulary from _Lección 1_. (6 pts.)

1. ¿Ana paga la _____?

2. ¿Trabajan en una cafetería o en un _____?

3. Necesito el mantel y las _____.

4. ¿A qué _____ desean trabajar?

5. En París hablan _____.

6. Un _____ no es una bebida (_drink_) alcohólica.

Prueba, Lección 2   BASIC SPANISH GRAMMAR, Fifth Edition

A. Answer the oral questions, using complete sentences. (15 pts.)

1. _____

   _____

2. _____

   _____

3. _____

   _____

4. _____

   _____

5. _____

   _____

B. Complete the following sentences, using the present indicative of the verbs in parentheses. (10 pts.)

1. Yo _____ (beber) Coca-Cola y ella

   _____ (beber) vino.

2. ¿Dónde _____ (vivir) Teresa?

3. Nosotros _____ (comer) a las doce.

   ¿A qué hora _____ (comer) tú?

4. Ellos _____ (decidir) beber cerveza.

5. ¿Uds. _____ (aprender) mucho?

6. Nosotros _____ (escribir) y

   _____ (leer) en español.

7. Carlos _____ (abrir) la puerta (*door*).

C. Complete the following dialogue, using the present indicative of the verb *ser*. (5 pts.)

—¿De dónde _____ Uds.?

—Teresa y yo _____ de Lima y Rodolfo _____

   de Asunción. ¿De dónde _____ tú?

—Yo _____ de Buenos Aires.

D. Fill in the mising adjectives and definite articles, making sure they agree with the nouns given. (9 pts.)

1. _____ vino blanco

   _____ servilletas _____

2. _____ papas fritas

   _____ pollo _____

3. _____ muchacha francesa

   _____ muchachas _____

E. Complete the following sentences, using vocabulary from *Lección 2*. (11 pts.)

1. Un sinónimo (*synonym*) de **mozo** es _____.

2. Un sinónimo de **muchacha** es _____.

3. Un sinónimo de **tomar** es _____.

4. Ella es _____; es de Berlín.

5. ¿_____ manteles necesitas? ¿Dos?

6. No necesito seis servilletas; _____ necesito una.

7. ¿_____ trabajas tú? ¿En San Francisco?

8. No es tarde; es muy _____.

9. ¿Es bueno o _____?

10. Mel Gibson es muy _____.

11. ¿Deseas tomar vino blanco o vino _____?

Prueba, Lección 3

A. Answer the oral questions, using complete sentences. (15 pts.)

1. _____
   _____

2. _____
   _____

3. _____
   _____

4. _____
   _____

5. _____
   _____

B. Complete the following sentences, using the present indicative of *ser* or *estar*. (10 pts.)

1. ¿De dónde _____ tu mamá, Anita?

   ¿_____ argentina?

2. Mis padres _____ en Caracas.

3. Yo _____ profesora.

4. ¿Dónde _____ la fiesta? ¿En el club?

5. Roberto _____ muy guapo. ¡Y _____ soltero!

6. Nosotros _____ enfermos.

7. ¿Cómo _____ tú, Anita? ¿Bien?

8. ¿Uds. _____ los amigos de Raúl?

C. Write the following sentences in Spanish. (15 pts.)

1. Our teacher's mother is in Colombia.

   _____

2. Do you visit your grandparents on Saturdays, Rosita?

   _____

3. I'm not going to the party that Carlos is giving.

   _____

D. Match the questions in column A with the answers in column B. (10 pts.)

A	B
1. _____ ¿De dónde eres?	a. No, el hermano.
2. _____ ¿Quién da la fiesta?	b. De Roberto.
3. _____ ¿Es de madera?	c. No, enferma.
4. _____ ¿Es el hijo?	d. Bonita.
5. _____ ¿Cómo van?	e. No, de metal.
6. _____ ¿Está cansada?	f. A mi primo.
7. _____ ¿Dónde están?	g. Aquí.
8. _____ ¿De quién es el libro?	h. Yo.
9. _____ ¿A quién llevas?	i. En coche.
10. _____ ¿Cómo es?	j. De los Estados Unidos.

Prueba, Lección 4

A. Answer the oral questions, using complete sentences. (15 pts.)

1. _____
   _____

2. _____
   _____

3. _____
   _____

4. _____
   _____

5. _____
   _____

B. Complete the following sentences, using the comparative or the superlative. (8 pts.)

1. Rhode Island es _____ Arizona, pero Alaska es
   _____ los tres.

2. Un Mercedes Benz es _____ un Ford.

3. McDonald's es _____ un restaurante elegante.

C. Complete the following sentences using the present indicative of *tener* or *venir*. (6 pts.)

1. ¿Cuántas maletas _____ Ud., Srta. Peña?

2. Ella _____ a la universidad con su hermano proque no
   _____ auto.

3. Nosotros no _____ a la universidad los viernes proque
   no _____ clase.

4. ¿Uds. _____ hijos?

D. Write the following sentences in Spanish. (14 pts.)

1. I have to take Mrs. Vega's husband to the library.

   _____
   _____

2. My car is not as expensive as her car, but it's better.

_____

_____

E. Complete the folowing sentences, using vocabulary from *Lección 4*. (7 pts.)

1. Yo tengo veinte años y ella tiene diecisiete. Yo soy _____ que ella.

2. No están en un hotel; están en una _____.

3. Abro la puerta con la _____.

4. ¿Viene Roberto? ¿A qué hora _____? (*Do not use* venir)

5. Un sinónimo de **habitación** es _____.

6. ¿Adela viene con Uds. o viene _____?

7. Yo tengo veinte dólares y ella tiene cincuenta. Yo tengo _____ dinero que ella.

Prueba, Lección 5

BASIC SPANISH GRAMMAR, **Fifth Edition**

A. Answer the oral questions, using complete sentences. (15 pts.)

1. _____

   _____

2. _____

   _____

3. _____

   _____

4. _____

   _____

5. _____

   _____

B. Complete the following sentences, using the present indicative of the Spanish equivalent of the verbs given. (8 pts.)

1. Ella _____ (*wants*) leche y nosotros _____ (*want*) café.

2. ¿Tú _____ (*understand*) la lección?

3. Ella _____ (*loses*) dinero.

4. Las clases _____ (*start*) en septiembre.

5. ¿Uds. _____ (*close*) las ventanas?

6. La clase _____ (*starts*) a las ocho.

7. Nosotros no _____ (*understand*) mucho.

C. Write the following sentences in Spanish. (21 pts.)

1. "Are you hungry, Anita?"
   "No, but I'm very thirsty."

   _____

   _____

2. "How old are you, Paquito?"
   "I'm eleven years old."

   _____

   _____

3. "I want to speak with you, Mr. Rojas."
   "I'm sorry, I'm in a hurry."

   _____

   _____

4. "Are you going to have breakfast, Miss Soto?"
   "Yes, at seven-thirty."

   _____

   _____

5. "Do you have classes on Saturdays?"
   "No, on Saturdays we go to church."

   _____

   _____

D. Complete the following sentences, using vocabulary from _Lección 5_. (6 pts.)

1. El desayuno es a las siete y el _____ es a las doce.

2. Marzo es el _____ mes del año.

3. Hay siete días en una _____.

4. Tengo jabón, pero necesito una _____.

5. ¿Adónde van Uds. _____ noche?

6. El hotel es de la Sra. Vargas; ella es la _____.

14

Prueba, Lección 6

A. Answer the oral questions, using complete sentences. (15 pts.)

1. _____

   _____

2. _____

   _____

3. _____

   _____

4. _____

   _____

5. _____

   _____

B. Complete the following sentences, using the present indicative of the Spanish equivalent of the verbs given. (8 pts.)

1. Nosotros _____ (*return*) a las cinco y ellos

   _____ (*return*) a las seis.

2. ¿Cuánto _____ (*cost*) los libros?

3. ¿Tú _____ (*have lunch*) en la cafetería?

4. Teresa _____ (*flies*) a San Francisco los sábados.

5. Yo no _____ (*sleep*) muy bien.

6. ¿Uds. _____ (*remember*) el número de teléfono de Ana?

7. Carlos no _____ (*can*) viajar con nosotros.

C. Rewrite the following sentences in the negative. (7 pts.)

1. Ella necesita algo también.

   _____

2. Yo siempre viajo con alguien.

   _____

3. Yo tengo algunos amigos españoles.

   _____

D. Complete the following sentences, using the present progressive of the Spanish equivalent of the verbs given. (10 pts.)

1. Jorge _____ (*sleep*) y nosotros

   _____ (*read*).

2. ¿Quién _____ (*serve*) el desayuno?

3. Yo _____ (*say*) que tú no

   _____ (*study*).

E. Match the questions in column A with the answers in column B. (10 pts.)

A	B
1. _____ ¿Dónde está la frazada azul?	a. No, al teatro.
2. _____ ¿Cómo se dice *stamp*?	b. Sí, con vista al mar.
3. _____ ¿Vas a la oficina de correos?	c. En mi cama.
4. _____ ¿Van al cine?	d. Conmigo.
5. _____ ¿Qué lugares de interés hay?	e. Sello.
6. _____ ¿Con quién va Sergio?	f. Sí, pero no tengo colchón.
7. _____ ¿Qué periódico lees?	g. Sí, necesito estampillas.
8. _____ ¿Van de excursión?	h. Las playas...
9. _____ ¿Tienes una habitación?	i. El *New York Times*.
10. _____ ¿Tienes cama?	j. Sí, a un pueblo que está cerca de aquí.

Prueba, Lección 7

BASIC SPANISH GRAMMAR, Fifth Edition

A. Answer the oral questions, using complete sentences. (15 pts.)

1. _____

2. _____

3. _____

4. _____

5. _____

B. Complete the following sentences, using the present indicative of the Spanish equivalent of the verbs given. (8 pts.)

1. ¿A qué hora _____ (*serve*) ellos el desayuno?

2. ¿Dónde _____ (*get*) tú periódicos en español?

3. Nosotros nunca _____ (*ask for*) nada.

4. ¿Uds. _____ (*follow*) al guía?

5. Yo no _____ (*say*) nada.

6. Ella _____ (*repeats*) la pregunta (*question*).

C. Rewrite the following paragraph, changing the subject *Ana* to *yo*. (7 pts.)

Los lunes, Ana sale a las cinco. Conduce su auto y trae a sus amigos a la universidad. Los sábados, ve a sus padres y los domingos, no hace nada.

_____
_____
_____
_____
_____

D. **Write the following sentences in Spanish. (16 pts.)**

1. "Do you (*pl.*) know Teresa?"
   "Yes, but we don't know where she lives."

   _____

   _____

2. "Where do you take Raquel on Saturdays, Carlos?"
   "I take her to the movies."

   _____

   _____

3. "Do you translate the lessons, Miss Peña?"
   "No, I don't translate them."

   _____

   _____

4. "Can you buy the tickets, Mr. Silva?"
   "Yes, but I can't buy them today."

   _____

   _____

E. Complete the following sentences, using vocabulary from *Lección* 7. (6 pts.)

1. Marisol trabaja en una agencia de _____.

2. ¿En qué calle _____ la _____ de
   los Estados Unidos?

3. Ella trabaja y estudia mucho; siempre está muy _____.

4. Pedro sabe el poema de _____.

5. Voy a llevar estas _____ a la oficina de correos.

18

Prueba, Lección 8

A. Answer the oral questions, using complete sentences. (15 pts.)

1. _____
_____

2. _____
_____

3. _____
_____

4. _____
_____

5. _____
_____

B. Write the Spanish equivalent of the words given before each noun. (8 pts.)

1. *this, these*

    _____ postre   _____ agencias de viaje

2. *that, those*

    _____ embajada   _____ poemas

3. *that (over there), those (over there)*

    _____ hotel   _____ casas

4. *this, that*

    _____ pluma   _____ problema

C. Write the following sentences in Spanish. (17 pts.)

1. "I need the backpack. Can you bring it to me tomorrow, Anita?"
   "I can bring it to you this afternoon, Miss Peña."

   _____

   _____

2. "I'm going to ask my aunt if she can lend me her skis."
   "She cannot lend them to you, Rosita."

   _____

   _____

3. "What are you going to give us (*as a present*), Uncle Tito?"
   "I'm going to give you two tickets (*for an event*)."

_____

_____

D. Match the questions in column A with the answers in column B. (10 pts.)

A	B
1. _____ ¿Quién es el Sr. Rojas?	a. La presidenta del club.
2. _____ ¿Dónde juegan ellos?	b. No, en bicicleta.
3. _____ ¿Necesitas la tienda de campaña?	c. El entrenador.
4. _____ ¿Qué estás leyendo?	d. Mañana.
5. _____ ¿Van a caballo?	e. La página deportiva.
6. _____ ¿Qué le vas a mandar?	f. Sí, y la bolsa de dormir.
7. _____ ¿Quién es ella?	g. En el parque.
8. _____ ¿Cuándo es el partido?	h. No, un niño.
9. _____ ¿Es un hombre?	i. Una raqueta de tenis.
10. _____ ¿Están aquí?	j. No, allá.

Prueba, Lección 9   BASIC SPANISH GRAMMAR, **Fifth Edition**

A. **Answer the oral questions, using complete sentences. (15 pts.)**

1. _____
_____

2. _____
_____

3. _____
_____

4. _____
_____

5. _____
_____

B. **Rewrite the following sentences, using commands (*Ud.* and *Uds.* forms). (10 pts.)**

1. *Venir* mañana y *traer* el espejo. (*a una persona*)

_____

2. *Ir* al hotel y *darle* el dinero al Sr. Rojas. (*a dos personas*)

_____

3. *Hablar* con el profesor, pero no *hablarle* en inglés. (*a una persona*)

_____

4. *Pedirle* dinero al Sr. Torales. (*a tres personas*)

_____

C. **Write the following sentences in Spanish. (15 pts.)**

1. I wake up at six. At what time do you get up, miss?

_____
_____

2. Your children go to bed at eight. Mine go to bed at ten, Mr. Vega.

_____
_____

3. Try on the dress, ma'am.

_____
_____

D. Complete the following sentences using vocabulary from *Lección 9*. (10 pts.)

1. Yo me lavo la _____ con un champú muy bueno.

2. Voy a poner la medicina en el _____.

3. Jorge necesita su _____ de afeitar.

4. Llevamos la ropa sucia a la _____.

5. ¿Tienes tu _____ de crédito?

6. ¿Tú te _____ del número de teléfono de Ana?

7. Mi papá se _____ Miguel Ángel Torres-Silva.

8. No está a la derecha; está a la _____.

9. Tienes que venir ahora _____.

10. ¿Tenemos que doblar o seguir _____?

Prueba, Lección 10

BASIC SPANISH GRAMMAR, Fifth Edition

A. Answer the oral questions, using complete sentences. (15 pts.)

1. _____
   _____

2. _____
   _____

3. _____
   _____

4. _____
   _____

5. _____
   _____

B. Rewrite the following sentences changing the verbs to the preterit. (10 pts.)

1. Yo *cierro* la puerta y *abro* las ventanas.

   _____

2. ¿Tú *vuelves* a las cinco?

   _____

3. Nosotros *comemos* sándwiches y ellos *comen* ensalada.

   _____

4. Yo *voy* al cine. ¿Adónde *van* Uds.?

   _____

5. Jorge Vega *es* mi estudiante.

   _____

6. Yo le *doy* diez dólares y Roberto le *da* veinte dólares.

   _____

C. Write the following sentences in Spanish. (15 pts.)

1. We went in through the window in order to speak with Sergio.

   _____
   _____

2. I'm leaving for Caracas tomorrow. I'm going to be there for two years.

_____

_____

3. The weather is good; it's raining.

_____

_____

D. Match the questions in column A with the answers in column B. (10 pts.)

A

1. _____ ¿Hace sol?

2. _____ ¿Te vas a poner el suéter?

3. _____ ¿Cuál es el límite de velocidad?

4. _____ ¿Dónde está la criada?

5. _____ ¿Qué necesitas para preparar los tallarines?

6. _____ ¿Necesitas el impermeable?

7. _____ ¿Es la mamá de tu esposo?

8. _____ ¿Ellos salieron?

9. _____ ¿Cuándo fueron al cine?

10. _____ ¿Qué tiempo hace hoy?

B

a. Sí, y también el paraguas.

b. Sí, por la puerta de atrás.

c. Está nevando.

d. Una lata de salsa de tomate.

e. No, está nublado.

f. Sí, es mi suegra.

g. Sí, porque hace frío.

h. Anoche.

i. En la cocina.

j. Sesenta millas por hora.

Prueba, Lección 11

BASIC SPANISH GRAMMAR, Fifth Edition

A. Answer the oral questions, using complete sentences. (15 pts.)

1. _____

   _____

2. _____

   _____

3. _____

   _____

4. _____

   _____

5. _____

   _____

B. Rewrite the following sentences, changing the verbs to the preterit. (8 pts.)

1. Ellos *traen* los libros y los *ponen* en la mesa.

   _____

2. Ella no *viene* porque no *quiere*.

   _____

3. *Tenemos* que trabajar.

   _____

4. ¿Qué *hace* él? ¿*Conduce* el coche?

   _____

5. ¿Tú *puedes* estudiar?

   _____

C. Rewrite the following sentences, using *tú* commands. (10 pts.)

1. *Ir* a la universidad y *llevar* los libros.

   _____

2. *Venir* hoy, pero *no venir* por la mañana.

   _____

3. *Levantarse* a las seis.

   _____

4. *Hacernos* un favor.

_____

5. *Abrir* las puertas pero *no abrir* las ventanas.

_____

D. Complete the following sentences, using the imperfect of the Spanish equivalent of the verbs given. (5 pts.)

1. Cuando nosotros _____ (*were*) niños, _____ (*we lived*) en

   Caracas. Siempre _____ (*used to go*) de vacaciones a Puerto Rico.

2. ¿Qué idioma _____ (*used to speak*) Uds.?

3. ¿Tú _____ (*used to learn*) mucho en la escuela?

E. Write the following sentence in Spanish. (5 pts.)

We have been teaching here for six years.

_____

F. Complete the following sentences, using vocabulary from *Lección 11*. (7 pts.)

1. ¿Quién hace los _____ de la casa?

2. Ella viene a vernos de vez en _____.

3. Yo _____ nunca voy a su casa.

4. Necesito comprar ropa. ¿Quieres ir de _____ conmigo?

5. ¡Quiero silencio! ¿Puedes _____ la radio, por favor?

6. Yo estaba en la universidad. En esa _____, yo no trabajaba

7. Treinta minutos son _____ hora.

Prueba, Lección 12

A. Answer the oral questions, using complete sentences. (15 pts.)

1. _____

_____

2. _____

_____

3. _____

_____

4. _____

_____

5. _____

_____

B. Complete the following sentences, using the preterit or the imperfect of the verbs in parentheses, as appropriate. (12 pts.)

1. _____ (Ser) las dos de la tarde cuando yo

_____ (llegar) a casa ayer.

2. Cuando yo _____ (ser) niña, _____ (vivir)

en Chile. Mis padres siempre me _____ (hablar) en español.

3. Anoche Teresa me _____ (decir) que mi hermano

_____ (estar) enfermo.

4. Yo no _____ (conocer) a la mamá de Luisa; la

_____ (conocer) ayer, en la fiesta.

5. Daniel no _____ (querer) ir a la fiesta, pero cuando

_____ (saber) que Marisa iba a estar allí,

_____ (decidir) ir.

C. Write the following sentences in Spanish. (13 pts.)

1. Yesterday I told them that I wanted to stay at home.

_____

2. When we arrived at the airport, my brother-in-law was talking with Gustavo.

_____

D. Match the questions in column A with the answers in column B. (10 pts.)

A

1. _____ ¿Adónde fueron?

2. _____ ¿Qué compraste?

3. _____ ¿Dónde se encontraron?

4. _____ ¿Cómo te sientes?

5. _____ ¿Es tu cuñada?

6. _____ ¿Cuándo volvieron?

7. _____ ¿Olga está con Sergio?

8. _____ ¿Qué piensan hacer?

9. _____ ¿Dónde viste ese traje de baño?

10. _____ ¿Dónde pusiste el dinero?

B

a. Anteayer.

b. En un catálogo.

c. Bien.

d. Sí, están juntos.

e. En mi cartera.

f. Al centro comercial.

g. Sí, es la esposa de mi hermano.

h. Una máquina de escribir.

i. Mirar vidrieras.

j. En el aeropuerto.

Prueba, Lección 13

A. Answer the oral questions, using complete sentences. (15 pts.)

1. _____
   _____

2. _____
   _____

3. _____
   _____

4. _____
   _____

5. _____
   _____

B. Complete the following sentences, using the preterit or the imperfect of the verbs in parentheses, as appropriate. (12 pts.)

1. ¿Qué te _____ (pedir) ellos?

2. ¿Ud. _____ (servir) cerveza en su fiesta?

3. Viviana _____ (preferir) ir a Buenos Aires.

4. Alberto nos _____ (mentir).

5. ¿Uds. _____ (conseguir) los libros?

6. ¿_____ (Morir) alguien en el accidente?

7. ¿_____ (Dormir) Ud. bien, señora?

8. Los niños _____ (divertirse) mucho.

C. Write the following sentences in Spanish. (17 pts.)

1. They have just told me that my friends are here.

   _____

2. I like this necklace better.

   _____

3. Does your head hurt, Anita?

   _____

4. What is your address, Miss Montoya?

   _____

D. Complete the following sentences, using vocabulary from _Lección 13_. (10 pts.)

1. Nos hace _____ más dinero.

2. Tengo frío. Me voy a poner la _____.

3. Tengo un anillo de _____.

4. La _____ mecánica no _____.

5. Por _____ mi mamá me dio dinero.

6. Graciela es una _____ muy inteligente.

7. Voy al aeropuerto para _____ de mis amigos, que hoy salen para México.

8. Óscar se va a poner el traje azul y la _____ roja.

9. ¿Este anillo o ese anillo... ? ¡No sé cuál _____!

Prueba, Lección 14

A. Answer the oral questions, using complete sentences. (15 pts.)

1. _____

   _____

2. _____

   _____

3. _____

   _____

4. _____

   _____

5. _____

   _____

B. Complete the following sentences, using the present perfect of the Spanish equivalent of the verbs given. (5 pts.)

1. Los empleados no _____ (*return*).

2. ¿_____ (*be*) Ud. en México?

3. Nosotros _____ (*open*) las puertas.

4. ¿Tú le _____ (*write*) a Marta?

5. Yo no lo _____ (*cover*).

C. Complete the following sentences, using the past perfect of the Spanish equivalent of the verbs given. (5 pts.)

1. Él no _____ (*check*) los frenos todavía.
2. Nosotros no _____ (*do*) nada.
3. ¿Uds. _____ (*go*) con ellos
4. Yo no le _____ (*say*) nada a Juan.
5. ¿Tú _____ (*see*) al mecánico?

D. Write the following sentences in Spanish.

1. The gas station is not closed, it is open.

   _____

2. I arrived two hours ago but I haven't spoken with her yet.

   _____

E. Complete the following sentences, using vocabulary from _Lección 14_. (10 pts.)

1. El coche no está _____ todavía porque necesitamos _____

   de repuesto.

2. Mi coche no arranca (_start_). Voy a llamar al Club _____ porque necesito

   una _____.

3. Voy a cambiar la llanta porque está _____.

4. El tanque no está lleno; está casi _____. Necesito comprar

   _____.

5. El mecánico no está aquí, pero viene en _____.

6. ¿Cuánto _____ hace que compras esa _____ de aceite?

Prueba, Lección 15

BASIC SPANISH GRAMMAR, Fifth Edition

A. Answer the oral questions, using complete sentences. (15 pts.)

1. _____
   _____

2. _____
   _____

3. _____
   _____

4. _____
   _____

5. _____
   _____

B. Rewrite the following sentences, using the future tense. (5 pts.)

1. Ellas *van a salir* temprano.

   _____

2. Yo *voy a alquilar* el coche mañana.

   _____

3. ¿Tú *vas a tener que* arreglar el motor?

   _____

4. Nosotros *vamos a decírselo*.

   _____

5. El cajero no *va a poder* venir.

   _____

C. Complete the following sentences, using the conditional of the Spanish equivalent of the verbs given. (5 pts.)

1. ¿Uds. lo _____ (*put*) allí?

2. Yo no _____ (*do*) eso.

3. Ana no _____ (*know*) qué hacer.

4. ¿Tú _____ (*speak*) con ellos?

5. Nosotros _____ (*come*) con Roberto.

D. Write the following sentences in Spanish. (15 pts.)

1. Tomorrow I will go to the bank in order to cash a check.

   _____

2. He will start checking the car at three in the afternoon.

   _____

3. They wouldn't do that.

   _____

E. Complete the following sentences, using vocabulary from *Lección 15*. (10 pts.)

1. Mañana voy al banco porque necesito _____ este cheque en mi cuenta.

2. ¿Tu coche es _____ o de cambios _____?

3. Voy a llevar a mi _____ al veterinario.

4. No me gustan las motocicletas porque son muy _____.

5. Un sinónimo de **chequear** es _____.

6. El mecánico me _____ cien dólares por arreglarme el carro.

7. Mañana sin _____ voy a la agencia de _____

   de automóviles.

8. No voy ni en avión ni en autobús; voy en _____.

Prueba, Lección 16

BASIC SPANISH GRAMMAR, Fifth Edition

A. Answer the oral questions, using complete sentences. (15 pts.)

1. _____

   _____

2. _____

   _____

3. _____

   _____

4. _____

   _____

5. _____

   _____

B. Complete the following sentences, using the infinitive or the present subjunctive of the Spanish equivalent of the verbs given. (10 pts.)

1. Yo le aconsejo que Ud. _____ (*take*) el rápido.

2. Nosotros no queremos _____ (*go*) a reservar los boletos.

3. ¿Tú quieres que yo _____ (*go*) con ellos?

4. Yo te pido que me _____ (*bring*) el itinerario.

5. Ellos necesitan _____ (*study*) más.

6. Yo le ruego que Ud. no _____ (*say*) nada.

7. ¿Qué quieren _____ (*do*) Uds.?

8. Yo les sugiero que Uds. le _____ (*give*) el horario.

9. Yo necesito que tú _____ (*come*) esta noche.

10. Yo quiero que Uds. _____ (*know*) quién es él.

C. Write the following sentences in Spanish. (18 pts.)

1. I want you to wash your hair, Paquito.

   _____

2. I advise you to reserve the seats today.

   _____

3. She told me that the classes were extremely difficult.

   _____

D. Complete the following sentences, using vocabulary from _Lección 16_. (7 pts.)

1. No tengo que trabajar este _____ de semana.

2. Cuando compré el coche me dieron un _____ del diez por ciento.

3. Ellos me sugieren que viaje en el tren expreso porque es más _____.

4. Voy a ir a la _____ de trenes para comprar un _____

   para Sevilla.

5. Rafael me aconseja que salga _____ antes.

6. Voy a poner la maleta debajo del _____.

Prueba, Lección 17

A. Answer the oral questions, using complete sentences. (15 pts.)

1. _____

   _____

2. _____

   _____

3. _____

   _____

4. _____

   _____

5. _____

   _____

B. Complete the following sentences, using the present subjunctive or the infinitive of the Spanish equivalent of the verbs given. (10 pts.)

1. Me alegro de _____ (*be*) aquí hoy.

2. Espero que Uds. _____ (*be able*) venir a clase.

3. Temo que él no _____ (*come*) mañana.

4. Siento no _____ (*be able*) ir con Uds.

5. Ella se alegra de que sus notas _____ (*be*) buenas.

6. Mis padres esperan que yo _____ (*return*) a las dos.

7. Siento que ellos no _____ (*have*) los libros que necesitan.

8. Espero que no _____ (*rain*) mañana.

9. Es necesario _____ (*work*) mucho.

10. Es mejor que tú se lo _____ (*say*) a Carmen.

C. Write the following sentences in Spanish. (15 pts.)

1. She wrote the letter slowly and carefully.

   _____

2. It's a pity that you can't register today, Miss Soto.

   _____

3. It's unlikely that we can see the lawyer this afternoon.

   _____

D. Complete the following sentences, using vocabulary from *Lección 17*. (10 pts.)

1. La profesora va a dar el examen _____ esta noche.

2. Mi _____ en la clase de español es A-.

3. No tengo que pagar la matrícula porque tengo una _____.

4. ¡_____ que mi mamá me traiga los libros!

5. Estudiamos esa novela en la clase de _____.

6. Necesito una _____ para el examen de matemáticas.

7. El inglés es un _____ en la universidad.

8. De las ciencias, me gusta la clase de física, pero no me gusta la clase
   de _____.

9. Mañana vamos a _____ el contrato.

10. Tengo que hablar de mis clases con mi _____.

Prueba, Lección 18

A. Answer the oral questions, using complete sentences. (15 pts.)

1. _____

_____

2. _____

_____

3. _____

_____

4. _____

_____

5. _____

_____

B. Complete the following sentences, using the present indicative or the present subjunctive of the Spanish equivalent of the verbs given. (10 pts.)

1. Yo dudo que Amalia _____ (*be able*) ir con nosotros.

2. No creo que ellos _____ (*go*) con nosotros.

3. Yo estoy seguro de que ella _____ (*be*) dentista.

4. Es verdad que mi padre _____ (*be*) en Bolivia.

5. ¿Hay alguien aquí que _____ (*be*) paramédico?

6. Buscamos una casa que _____ (*have*) diez cuartos.

7. Hay una chica que _____ (*speak*) italiano.

8. No hay ningún restaurante que _____ (*serve*) comida argentina.

9. Yo creo que ellas _____ (*study*) en esa universidad.

10. No es verdad que el consultorio _____ (*be located*) en el centro.

C. Write the following sentences in Spanish. (18 pts.)

1. I need a secretary who speaks English.

_____

2. There isn't anybody who knows him.

_____

3. The little boy went to visit his grandpa.

_____

D. Complete the following sentences, using vocabulary from *Lección 18*. (7 pts.)

1. Carlos se _____ una pierna y se la van a _____.

2. Lo llevaron a la _____ de rayos X para hacerle una _____.

3. Le van a poner una _____ para el dolor.

4. En este _____, ellos están en el hospital.

5. Lo llevaron en una _____ al hospital.

Prueba, Lección 19

BASIC SPANISH GRAMMAR, Fifth Edition

A. Answer the oral questions, using complete sentences. (15 pts.)

1. _____
   _____

2. _____
   _____

3. _____
   _____

4. _____
   _____

5. _____
   _____

B. Complete the following sentences, using the present perfect subjunctive of the Spanish equivalent of the verbs given. (10 pts.)

1. Espero que los chicos _____ (return).

2. No es verdad que yo _____ (say) eso.

3. Siento que Teresa no _____ (be able) venir.

4. No hay nadie que los _____ (see).

5. Es difícil que tú _____ (do) eso.

C. Write the following sentences in Spanish. (15 pts.)

1. She will call us as soon as she gets home.

   _____

2. When I see her, I'm going to tell her to do her work.

   _____

D. Complete the following sentences, using vocabulary from *Lección 19*. (10 pts.)

1. No veo bien. Tengo que ir al _____.

2. Un sinónimo de **operación** es _____.

3. Mi coche _____ contra un árbol.

4. No podremos ir a _____ que nos den el dinero.

5. Necesito un _____ para saber si tengo fiebre.

6. Voy a preparar unos sándwiches, en _____ de que los chicos tengan hambre.

7. Todos murieron en el accidente. No _____ nadie.

8. Voy a ponerme a _____ porque quiero bajar de peso.

9. Si quieres bajar de peso, tienes que comer bien y hacer _____.

10. ¿Ya sabes el _____ de los análisis?

Prueba, Lección 20

BASIC SPANISH GRAMMAR, Fifth Edition

A. Answer the oral questions, using complete sentences. (15 pts.)

1. _____
   _____

2. _____
   _____

3. _____
   _____

4. _____
   _____

5. _____
   _____

B. Complete the following sentences, using the imperfect subjunctive of the Spanish equivalent of the verbs given. (15 pts.)

1. Ellos querían que tú _____ (go) con Ana.

2. Mis padres esperaban que nosotros _____ (work).

3. Yo no quería que Alberto _____ (know) eso.

4. Ana temía que él no _____ (be) en casa.

5. Yo no quería que Uds. le _____ (tell) la verdad.

6. Beto se alegró de que tú _____ (come) a verlo.

7. No es verdad que ellos _____ (return) ayer.

8. Ella nos pidió que le _____ (bring) las fotocopias.

9. Era necesario que Uds. _____ (take) la medicina.

10. Te dije que _____ (prepare) el informe.

11. Elsa no quería que nosotros nos _____ (worry).

12. No quería que ellos _____ (have) la reunión hoy.

13. Yo esperaba que Elisa _____ (do) algo.

14. Te dije que _____ (put) los cheques en la mesa.

15. Me pidió que _____ (pick up) las cortinas.

C. Write the following sentences in Spanish. (10 pts.)

1. I'm going to buy it if I get the money.

   _____

2. If we had time, we would go to the post office.

   _____

D. Complete the following sentences, using vocabulary from *Lección 20*. (10 pts.)

1. Necesito pedir un _____ para comprar un coche.

2. Voy al _____para mandar este paquete.

3. No puedo pagar con un cheque porque no tengo aquí mi _____ de cheques.

4. Hoy estoy muy ocupada porque tengo que hacer un montón de _____.

5. Voy a poner el dinero en mi _____.

6. El jefe me mandó hacer _____ de estas cartas.

7. Trabaja en el _____ americano en Barcelona.

8. Ella _____ a la Universidad de Madrid.

9. Carlos me prestó su libro y se lo tengo que _____ mañana.

10. Tengo que ir a la universidad para _____ a Marta.

Examen parcial, Lecciones 1–5

A. Complete the following sentences, using the present indicative of the verb in parentheses. (15 pts.)

1. Ellos _____ (tomar) café.

2. Yo no _____ (dar) mucho dinero.

3. Nosotros _____ (cerrar) las ventanas (*windows*) y _____ (abrir) la puerta.

4. ¿Qué _____ (beber) Uds. en el restaurante?

5. Él _____ (querer) tomar un refresco y nosotros _____ (querer) té.

6. ¿Adónde _____ (ir) Uds. hoy?

7. ¿Tú _____ (estudiar) por la mañana o por la tarde?

8. Yo _____ (venir) a clase a las ocho y ellos _____ (venir) a las diez.

9. Nosotras _____ (vivir) en la universidad y siempre _____ (comer) en la cafetería.

10. Yo _____ (tener) dos hijos y ella _____ (tener) tres.

B. Complete the following sentences, using the prepositions *a* ir *de* + the corresponding article. (5 pts.)

1. Llevo _____ hijo de Ana _____ clase.

2. Venimos _____ gimnasio.

3. Los libros son _____ profesores.

4. Vamos _____ hotel con los estudiantes.

C. Complete the following sentences, using the adjectives provided. (5 pts.)

blanca   rojas   negro   españolas   feliz

1. Necesito las tizas _____.

2. Las chicas _____ están aquí.

3. El Sr. Rosas es _____.

4. El lápiz es _____.

5. La silla es _____.

D. Complete the following sentences, using _ser_ or _estar_. (10 pts.)

1. Mi hijo _____ profesor y ahora _____ en la universidad.

2. Ellos _____ de México pero ahora _____ en California.

3. Nosotros _____ mexicanos.

4. Ella _____ muy enferma.

5. La pluma roja _____ de Carlos.

6. Hoy _____ lunes.

7. Yo _____ muy alta.

8. La mesa _____ de metal.

E. Complete the following sentences, using the Spanish equivalent of the words in parentheses. (18 pts.)

1. Rosa es _____ (_taller than_) Silvia.

2. Yo estoy _____ (_as tired as_) Uds.

3. Alberto es _____ (_the most intelligent in_) la clase.

4. Yo soy _____ (_the oldest_) de todos.

5. Ellas toman _____ (_less coffee than_) yo.

6. Paco tiene _____ (_as many books as_) Estrella.

F. _¿Qué hora es?_ Write the answers in complete sentences. (9 pts.)

1. _____

2. _____

3. _____

G. Complete the following sentences with the personal _a_ when necessary. (5 pts.)

1. Yo no tengo _____ hijos.

2. Ellos llaman _____ Rosa y _____ Elena.

3. Nosotros esperamos _____ un taxi y ella espera _____ la profesora.

46

H. Write the following sentences in Spanish. (33 pts.)

1. My books and your pencil are here, Ana.

    _____

2. I'm not hot, but I'm very thirsty.

    _____

3. I have to go to the third floor.

    _____

4. She is going to work today.

    _____

5. I'm younger than you. I'm twenty years old.

    _____

6. María's husband is tall and handsome.

    _____

7. Education is very important.

    _____

Examen parcial (Para hacerlo en casa), Lecciones 1–5

BASIC SPANISH GRAMMAR, Fifth Edition

Write the following sentences in Spanish. (100 pts.)

1. How many classes are there in the morning? There are three classes.

   _____

2. They need five hundred dollars.

   _____

3. Miss Vera is our Spanish teacher. She is from Mexico.

   _____

4. We visit the German girls on Sundays.

   _____

5. Where are you friends going, Mr. Soto? To the movies?

   _____

6. Do you have María's address and phone number, Anita?

   _____

7. Do they have his car or her car?

   _____

8. She doesn't give her name and address.

   _____

9. Roberto is a professor. He is very intelligent.

   _____

10. Where is Mr. Vera's son? Is he in the library?

    _____

11. Our friend Ricardo is from Caracas, but now he is in Lima.

    _____

12. We are coming from the market. Where are you coming from, ladies?

    _____

13. Mr. Garcia's son is twenty years old.

    _____

14. She is older than I, but I am taller than she.

    _____

15. Your house is as big as Roberto's house, Paquito.

   _____

16. We are not hungry, but we are very thirsty.

   _____

17. They go to the library at a quarter to four in the afternoon.

   _____

18. We don't have as many keys as you have.

   _____

19. I don't want to go the movies. I prefer to go to a concert.

   _____

20. We are going to live on the first floor.

   _____

Examen final, Lecciones 1–10

BASIC SPANISH GRAMMAR, Fifth Edition

A. **Complete the following sentences, using the present indicative of the verbs in parentheses. (15 pts.)**

1. ¿Dónde _____ (trabajar) Uds.?

2. Ellos _____ (recibir) mucho dinero.

3. Nosotros _____ (ser) de México.

4. Yo _____ (ir) con ellos.

5. ¿Ud. _____ (dar) muchas fiestas?

6. Yo _____ (estar) muy cansado.

7. Yo no _____ (tener) el pasaje.

8. Ella no _____ (querer) escribir la carta.

9. Nosotros _____ (volver) a las dos.

10. Yo no _____ (poder) hablar con él.

11. Yo _____ (traer) los libros y los _____ (poner) en la mesa.

12. Ellos nunca _____ (pedir) dinero.

13. Yo nunca _____ (decir) nada.

14. Yo siempre lo _____ (hacer).

B. **Rewrite the following sentences, changing the verbs in the preterit. (10 pts.)**

1. Yo hablo con ella. _____

2. ¿Qué comes? _____

3. Él no va. _____

4. Es mi profesor. _____

5. No se lo doy. _____

6. ¿Adónde van? _____

7. Ellos no le escriben. _____

8. ¿No vuelves? _____

9. No cierran la puerta. _____

10. No soy yo. _____

C. Complete the following sentences, using the Spanish equivalent of the phrases in parentheses. (36 pts.)

1. _____ (*I have to call*) por teléfono

   _____ (*my trainer*).

2. Ella es _____ (*older than*) yo, pero yo soy

   _____ (*taller*).

3. Ella es _____ (*Juan's friend*).

4. Yo _____ (*am not hungry*), pero

   _____ (*am very thirsty*).

5. Ellos _____ (*are serving*) el café ahora.

6. Las chicas _____ (*have to go with me*).

7. Las clases comienzan _____ (*next week*).

8. Yo _____ (*know her*), pero

   _____ (*don't know*) dónde vive.

9. ¿A qué hora _____ (*are you going to call us*), señorita?

10. ¿La carta? Puedo _____ (*write it to him*) mañana, Sra. Vega.

11. Yo no voy a _____ (*ask him for*) dinero.

12. Mis libros están aquí, señora. _____, (*Bring yours*) por favor.

13. ¿El dinero? _____, (*Give it to her*) no a él.

14. _____ (*It is very cold*). ¿Dónde está mi abrigo?

15. No necesito el paraguas porque _____ (*it isn't raining*).

16. Este libro no es _____ (*for me*), Paquito, es

   _____ (*for you*).

17. Mi casa es grande. _____ (*Yours*) es pequeña, Ana.

18. Quiero _____ (*this*) libro y _____ (*those ones*).

D. Write the following sentences in Spanish. (6 pts.)

1. I never do anything.

   _____

2. I don't see anybody.

   _____

51

E. Answer the following questions in the affirmative, replacing the underlined words with the corresponding object pronouns. (10 pts.)

1. ¿Me das el periódico?

   _____

2. ¿Te compraron la raqueta ayer?

   _____

3. ¿Nos van a mandar Uds. los pasajes mañana?

   _____

F. Complete the following sentences, using *por* or *para* as necessary. (6 pts.)

1. Los domingos no hay vuelos _____ Perú _____ la mañana.

2. ¿Cuánto pagaste _____ el impermeable que compraste

   _____ tu hijo?

3. Necesito la escoba _____ barrer la cocina.

4. El avión no pudo salir _____ la niebla.

G. Answer the following questions, using the command forms (*Ud.* or *Uds.*) and replacing the underlined words with the corresponding object pronouns. (10 pts.)

1. ¿Traigo los libros?

   Sí, _____

2. ¿Escribimos las cartas?

   No, no _____

3. ¿Le doy la maleta a Carlos?

   No, no _____

4. ¿Mandamos el vestido a la tintorería?

   Sí, _____

5. ¿Vamos con Carlos?

   Sí, _____

H. Complete the following sentences, using the present indicative of the Spanish equivalent of the verbs given. (7 pts.)

1. Yo _____ (*put to bed*) a los niños a las ocho y después

   _____ (*go to bed*) yo.

2. Carlos siempre _____ (*take off*) el abrigo cuando llega a casa.

3. ¿Dónde _____ (*sit down*) nosotros? ¿Aquí?

4. Ellos nunca _____ (*remember*) de tu número de teléfono.

5. Tú siempre _____ (*fall asleep*) en la clase porque no

   _____ (*sleep*) bien por la noche.

Examen parcial, Lecciones 11–5

BASIC SPANISH GRAMMAR, Fifth Edition

A. Complete the following sentences, using the preterit or the imperfect of the verbs given, as appropriate. (15 pts.)

1. Cuando yo _____ (ser) chica, _____ (vivir) en Chile

   y siempre _____ (ir) de vacaciones a la playa.

2. El año pasado nosotros _____ (ir) a México. Yo _____

   (querer) ir a España, pero no _____ (poder).

3. Yo no _____ (conocer) al esposo de Carmen. Lo _____

   (conocer) anoche.

4. ¿Tú _____ (saber) que nosotros _____ (tener) un examen

   hoy? Yo lo _____ (saber) anoche.

5. ¿Dónde _____ (dormir) Carlos anoche?

6. Ellas _____ (tener) un accidente ayer.

7. Elsa y Rosa _____ (decir) que no _____ (venir) a

   la universidad hoy.

B. Answer the following questions, using *tú* commands and the cues provided. (12 pts.)

1. ¿Voy con Rosa? (no, con Carlos)

   _____

2. ¿A qué hora vengo? (a las siete)

   _____

3. ¿Qué hago? (los trabajos de la casa)

   _____

4. ¿Escribo las cartas? (no)

   _____

5. ¿Pongo el traje de baño en la maleta? (no)

   _____

6. ¿A qué hora vuelvo? (a las diez)

   _____

C. Change the following sentences to the present perfect (p.p.) or to the pluperfect (plup.) as indicated. (10 pts.)

1. Ellos abren la puerta.(p.p.)

   _____

2. Él escribe las cartas en español. (plup.)

   _____

3. Yo pongo el dinero en el banco. (p.p.)

   _____

4. ¿Ves a Carlos hoy? (p.p.)

   _____

5. Lo compramos en una liquidación. (plup.)

   _____

D. Complete the following sentences with the past participles of the verbs given, using them as adjectives. (5 pts.)

1. La puerta está _____ (abrir), pero las ventanas están

   _____ (cerrar).

2. El perro está _____ (morir).

3. La vidriera está _____ (romper).

4. Mis padres están _____ (dormir).

E. Write sentences using the elements provided. (14 pts.)

1. Elsa / gustar / traje de baño

   _____

2. Mario / doler / las manos

   _____

3. nosotros / hacer falta / dinero

   _____

4. (yo) / doler / la cabeza

   _____

5. (tú) / gustar / esos aretes

   _____

6. ellos / hacer falta / dos trajes

   _____

7. Ud. / gustar / estudiar y trabajar

   _____

F. Change the following sentences to the future (f.) or the conditional (c.) as indicated. (8 pts.)

1. Ellos vienen mañana. (f.)

   _____

2. Yo salí temprano. (c.)

   _____

3. ¿Tú haces el postre hoy? (f.)

_____

4. Nosotros pusimos el dinero en el banco. (c.)

_____

5. Él me lo dice. (f.)

_____

6. María y Elsa pueden hacerlo. (c.)

_____

7. Tú no vas con él. (c.)

_____

8. Yo no trabajo el sábado. (f.)

_____

G. Complete each sentence with the prepositions _a_, _de_, or _en_, as necessary. (8 pts.)

1. La sortija que está _____ la mesa es _____ Teresa.

2. Ellos siempre viajan _____ tren cuando van _____ visitar _____ su hijo.

3. Él está hablando _____ Ana. Dice que es la chica más simpática _____ la universidad.

4. Ellos vienen _____ las tres.

H. Write the following sentences in Spanish. (28 pts.)

1. I have been studying for two years.

_____

2. The clerk is not at the gas station now.

_____

3. They served chicken with rice last night

_____

4. She was sleeping when we called her.

_____

5. She has just arrived at the jewelry store.

_____

6. What is your phone number, María?

_____

7. I bought my motorcycle two years ago.

_____

Examen parcial (Para hacerlo en casa), Lecciones 11–15

BASIC SPANISH GRAMMAR, Fifth Edition

Write the following sentences in Spanish. (100 pts.)

1. How long have you known my professor, Mr. Vera?

   _____

2. Yesterday I had to drive for three hours.

   _____

3. They bought the typewriter and put it on the table.

   _____

4. What did you do yesterday, Anita? Why didn't you come to class?

   _____

5. When I was a child, I used to go on vacation every summer.

   _____

6. We were typing when my sister-in-law arrived.

   _____

7. Last night I slept only four hours.

   _____

8. Didn't you know that we didn't want to come? But we came.

   _____

9. At what time did they arrive at the airport?

   _____

10. I have just bought this ring, but I like the other one better.

    _____

11. How long ago did you and David buy the dryer?

    _____

12. The shoe store was open, but the jewelry store was closed.

    _____

13. What have you done? What have you said to her?

    _____

14. They had spoken to them and had written letters to them.

    _____

15. We will not buy the earrings at that price.

_____

16. I will have to begin to fix the car today.

_____

17. Marta, do me a favor. Call María and tell her that I need to see her today.

_____

18. Did she say she would go out with him?

_____

19. I wouldn't teach him to drive.

_____

20. She needs (*hacer falta*) two aspirins because her head hurts.

_____

Examen final, Lecciones 11–20   BASIC SPANISH GRAMMAR, Fifth Edition

A. **Complete the following sentences, using the preterit or the imperfect of the verbs in parentheses. (15 pts.)**

1. Ayer nosotros _____ (estar) en la reunión desde las nueve hasta las once.

2. Ayer yo _____ (ir) a la biblioteca cuando _____ (ver) a Susana.

3. Cuando nosotros _____ (ser) chicos, _____ (vivir) en Lima.

4. Ella no _____ (conocer) a mi novio. Lo _____ (conocer) anoche.

5. Yo no _____ (saber) que ella _____ (ser) casada; lo _____ (saber) ayer.

6. _____ (Ser) las doce cuando Elsa _____ (llegar) anoche.

7. Ayer Teresa me _____ (decir) que tú _____ (querer) ir a Barcelona.

8. Yo _____ (empezar) a trabajar aquí ayer.

B. **Complete the following sentences, using the Spanish equivalent of the expressions in parentheses. (47 pts.)**

1. Ella quiere que yo _____ (go) al correo si _____ (I have) tiempo.

2. Espero que ellos _____ (have returned).

3. Yo quería que tú _____ (come) con nosotros.

4. Si yo _____ (were) ella _____ (I would talk) con el consejero.

5. Voy a hablar con él cuando lo _____ (see).

6. Yo estoy seguro que ella _____ (has) dinero, pero dudo que _____ (wants) prestarme mil dólares.

7. Yo no creía que ellos _____ (could) venir hoy.

8. No es verdad que ella _____ (is) mi novia.

9. ¿Hay alguien que _____ (knows) hablar alemán?

10. Yo no conocía a nadie que _____ (worked) en el consulado.

11. _____ (Come) aquí, Paquito. _____, (Tell me) ¿puedes ir a la tienda conmigo? (Wait for me) _____ en el coche.

12. Anita, _____ (do me) un favor. _____ (Don't go away) todavía.

13. Ana habló _____ (slowly and clearly).

14. Siento mucho que _____ (you are) enferma, señora.

15. _____ (It is unlikely) que ellos _____ (put) el dinero en el banco.

16. San Francisco es una ciudad _____ (extremely beautiful).

17. Vine _____ (to look for) a mi sobrino. Voy a enseñarle _____ (to drive).

18. _____ (Two hours ago) que volvieron.

19. Cuando ella llegó, yo ya _____ (had made) el informe.

20. Yo no lo _____ (would put) aquí.

21. No creo que ellos _____ (have paid) la cuenta del oculista.

22. Yo _____ (have just arrived). ¿_____ (What) es su dirección?

23. _____ (I don't like) estos trajes.

24. ¿Qué _____ (were doing) los chicos?

25. Carlos _____ (will come) mañana y yo _____ (will go) a esperarlo.

C. Use your imagination to complete the following sentences. (18 pts.)

1. Mis padres no quieren que yo _____.

2. Ellos dudaban que nosotros _____.

3. No es verdad que la profesora _____.

4. Yo siento que tú _____.

5. Yo iría a México si _____.

6. ¿Hay alguien en la clase que _____?

7. No es posible que yo _____.

8. Te llamaré cuando _____.

9. Buscamos una casa que _____.

D. Match the questions in column A with the answers in column B. (20 pts.)

<table>
<tr><td>

A

1. _____ ¿Es tu hermana?

2. _____ ¿Salió?

3. _____ ¿Para quién es el collar?

4. _____ ¿Tienen vacaciones?

5. _____ ¿Le duele la pierna?

6. _____ ¿Le dieron la beca?

7. _____ ¿Les hace falta el jabón?

8. _____ ¿Hubo un accidente?

9. _____ ¿Quién es tu consejero?

10. _____ ¿Qué comieron?

11. _____ ¿Caminas con los chicos?

12. _____ ¿Cuánto tiempo hace que lo llamaste por teléfono?

13. _____ ¿Qué te recomendó él?

14. _____ ¿Qué te rompiste?

15. _____ ¿Dónde está el mecánico?

16. _____ ¿Qué hiciste ayer?

17. _____ ¿Qué vas a comprarle a Eva?

18. _____ ¿Qué me aconsejas?

19. _____ ¿Vas a depositar el cheque?

20. _____ ¿Fueron Uds. al centro comercial?

</td><td>

B

a. No, están trabajando.

b. Arroz con pollo.

c. Sí, y una toalla.

d. El brazo.

e. Un anillo y unos aretes.

f. No, se quedó en casa.

g. Fui de compras.

h. Que vayas a la universidad.

i. No, la cabeza.

j. Sí, a mirar vidrieras.

k. En la estación de servicio.

l. No, mi cuñada.

m. Sí, y murieron dos personas.

n. Que pidiera un préstamo.

o. Sí, mañana sin falta.

p. De vez en cuando.

q. Para mi hermana.

r. El Dr. Vargas.

s. Media hora.

t. Sí, tiene muy buenas notas.

</td></tr>
</table>

Prueba de vocabulario, Lección 4   GETTING ALONG IN SPANISH, Fourth Edition

Complete the following sentences with the appropriate word or phrase. (10 pts.)

1. Mi esposa y yo no deseamos dos camas chicas. Deseamos una cama _____.

2. Él _____ va a llevar las maletas al cuarto.

3. Todos los cuartos tienen aire _____.

4. Debe _____ el registro ahora.

5. El baño tiene ducha y _____.

6. Deben desocupar el cuarto hoy a las doce. Al _____.

7. Sr. Vega, ¿en qué puedo _____?

8. En el hotel _____ ochenta dólares por noche.

9. El restaurante Azteca es muy bueno. Es uno de los _____ de la ciudad,

   y no es tan _____ como otros.

Examen final, Lecciones 1–10   GETTING ALONG IN SPANISH, Fourth Edition

Circle the word or phrase that best completes each sentence. (50 pts.)

1. Para comer deseo (un bistec, un vaso de agua, té).

2. Necesito (pollo, vino, azúcar) para el café.

3. Deseo tomar (un camerero, agua mineral, la cuenta).

4. Puede pagar con (una copa de vino, un cheque de viajero, un helado) o con una tarjeta de crédito.

5. De postre deseo (ensalada, sopa, fruta).

6. Para tomar la sopa necesito (un cuchillo, un tenedor, una cuchara).

7. El hijo de mi mamá es mi (padre, hermano, novio).

8. Ella no es morena; es (alta, gorda, rubia).

9. ¿Deseas una copa de cerveza o una copa de (casa, champán, fiesta)?

10. Mi esposo y yo no (bailamos, conversamos, pedimos) ahora porque él está muy cansado.

11. La fiesta de Navidad es (manaña, también, un poco).

12. ¿Desea una cama doble o una cama (incómoda, chica, cerca)?

13. El cuarto tiene (baño, botones, registro) privado.

14. ¿A qué hora debemos (llevar, desocupar, subir) la habitación? ¿Al mediodía?

15. El baño tiene ducha y (maletas, esquina, bañadera).

16. El hotel no es tan (nublado, caro, guapo) como otros.

17. El botones va a llevar las (maletas, pensiones, habitaciones) al cuarto.

18. El precio incluye el desayuno, el almuerzo y la (semana, pensión, cena).

19. Voy a ponerle aceite y (lejía, abrelatas, vinagre) a la ensalada.

20. Hace calor. ¿Puede poner (la calefacción, el aire acondicionado, el periódico), por favor?

21. Voy a bañarme. Necesito jabón y (un equipaje, una toalla, una llave).

22. Quiero un asiento en la sección de no (pensar, fumar, servir).

23. Debe (reservar, costar, firmar) los pasajes por adelantado.

24. Deseo un billete de ida y (maletín, vuelta, salida), clase turista.

25. Última llamada. Pasajeros del vuelo 524, favor de (fumar, confirmar, subir) al avión.

26. Aquí tiene los (dueños, comprobantes, viajes) para su equipaje.

27. No deseo una habitación interior; deseo una (exterior, incómoda, mala).

28. En este hotel no (cambian, empiezan, funcionan) las sábanas ni las fundas todos los días.

29. Necesito una (lista, farmacia, cuadra) de lugares de interés.

30. Probablemente vamos a ir de (excursión, aeropuerto, pasaporte) a México.

31. La almohada y el colchón son muy (próximos, guapos, incómodos).

32. Elsa pide turno en la peluquería para hoy. Corte, lavado y (cepillo, secador, peinado).

33. Voy a lavarle (la cabeza, la tijera, la billetera) ahora.

34. No quiero una permanente. Puedo (usar, pagar, cortar) el rizador.

35. No tengo el pelo rizado. Lo tengo (seco, negro, lacio).

36. Después de sacar la ropa de la secadora tienes que (cortarle, pelarla, doblarla).

37. No quiero (escalar, prestar, comprar) montañas.

38. Para afeitarme, el barbero usa (un peine, una máquina de afeitar, un bigote).

39. Voy a peinarme. Necesito (la tijera, el peine, la barba).

40. Podemeos acampar junto a (una finca, un lago, un folleto).

41. Vamos a (lavar, odiar, alquilar) una cabaña en la playa.

42. Este suéter hay que mandarlo (a la tintorería, al refrigerador, a la ventana).

43. Voy a planchar (la pera, la manzana, el vestido).

44. Prepare una ensalada de lechuga y (cielo, cosa, tomate).

45. Voy a comer pan con (terraza, caballo, mantequilla).

46. Quiero un sándwich de jamón y (uvas, queso, vuelo).

47. Quiero las chuletas de cerdo bien (rellenas, mixtas, cocidas) y están medio crudas.

48. Después de comer, Raúl paga la cuenta y deja una buena (arveja, salud, propina).

49. No quiero comer (pato, salmón, cordero) porque no me gusta el pescado.

50. Necesito comprar unas (cortinas, sábanas, fundas) para ponerlas en la ventana.

Examen final, Lecciones 11–20

GETTING ALONG IN SPANISH, **Fourth Edition**

Circle the word or phrase that best completes each sentence. (50 pts.)

1. Necesito la (olla, escoba, basura) para barrer.

2. Quiero hacer huevos fritos. ¿Dónde está (el recogedor, el fregadero, la sartén)?

3. Voy a (poner, pelar, arreglar) las papas.

4. ¡Luis! (Saca, Friega, Cocina) la basura, por favor.

5. Voy a poner los platos en (la servilleta, el armario, el papel).

6. ¿Quieres huevos revueltos o (sucios, juntos, pasados por agua)?

7. Me voy a poner la blusa negra y (la cartera, la camisa, la falda) negra.

8. Hace frío. Ponte (el cinto, la chaqueta, la corbata).

9. ¿Tienes tu (abrigo, bolso, traje) de baño?

10. Compré estos zapatos que costaban ciento veinte dólares por treinta y cinco dólares.
    ¡Es una (talla, ganga, medida)!

11. Yo uso talla mediana y la camisa es extra grande. Me queda (bien, chica, grande).

12. No puedo ponerme los zapatos porque no tengo (calzoncillos, calcetines, camiseta).

13. (El traje, La navajita, El reloj) es de pura lana.

14. Voy a dormir. ¿Dónde está mi (camisón, anillo, arete)?

15. La escalera mecánica no funciona. Tenemos que tomar (el cuero, el ascensor, la ropa interior).

16. Los zapatos (hacen juego, calzan, están cargados) con la cartera.

17. Mi coche no arranca. Vamos a necesitar (un maletero, un remolcador, una chapa).

18. Tengo que ir a la estación de servicio porque el tanque de mi coche está
    casi (cerrado, pequeño, vacío).

19. ¿Qué (frenos, marca, taller) de aceite usa Ud.?

20. Voy a necesitar (socios, piezas, piletas) de repuesto para su coche.

21. El mecánico va a (pedir prestado, levantar, revisar) el motor.

22. Prefiero viajar en ómnibus porque no me gusta (entender, manejar, cobrar).

23. Tengo mucho dinero en mi cuenta de (paso, seguro, ahorros).

24. Quiero un coche (de cambios mecánicos, peligroso, de una puerta).

25. ¿Va a pagar con tarjeta de crédito, con cheque o (a plazos, en efectivo, mañana)?

26. Están haciendo (litera, pastilla, cola) para comprar los pasajes.

27. ¿De qué (andén, expreso, boleto) sale el tren?

28. Yo me mareo cuando el avión despega o (trasborda, sugiere, aterriza).

29. ¿Tenemos que doblar o (volar, aconsejar, seguir derecho)?

30. Quiero tomar una clase de (suerte, título, cibernética).

31. Tengo muy buenas notas en mi clase de (matrícula, contabilidad, informe).

32. Mi (beca, materia, pastilla) favorita es matemáticas.

33. Yo (espero, solicito, lleno) que la profesora me dé una A en español.

34. Ana tiene una D– y una F en los exámenes (Ojalá, Es difícil, Es una lástima) que el profesor le dé una A en la clase.

35. Yo saqué muy malas notas el semestre (hermoso, que viene, pasado).

36. Tengo que pagar (el informe, la matrícula, el requisito).

37. No puedo comer nada porque me duele mucho (la espalda, el estómago, la rodilla).

38. Cuando leo mucho, siempre me duele (la nariz, el corazón, la cabeza).

39. Me corté el dedo. ¿Tienes (un tobillo, una curita, una frente)?

40. Quítese el vestido y póngase (este pecho, esta pie, esta bata).

41. Se rompió la pierna. Va a tener que usar (rayos X, radiografías, muletas).

42. Se cayó y (dudó, enyesó, se golpeó).

43. Abra la boca y saque (la balanza, el peso, la lengua).

44. Hoy es lunes; anteayer fue (sábado, domingo, viernes).

45. Respire (alto, débil, hondo).

46. Voy a hablar con ella (en cuanto, hasta que, desde que) la vea.

47. No puedo enviar la tarjeta postal porque no tengo (buzón, estampilla, carta).

48. Voy a depositar este cheque en mi cuenta (corriente, de saldo, de seguridad).

49. Necesita dinero. Le voy a mandar (un cumpleaños, un cajero, un giro postal).

50. Tengo que (devolverles, tomar, trabajar) el dinero que me enviaron.

Prueba de vocabulario, Lección 9   SPANISH FOR BUSINESS AND FINANCE, Fifth Edition

Complete the following sentences with the appropriate word or phrase. (10 pts.)

1. Necesito enviar un _____ de artesanías a California y quiero saber cuáles son

   las _____ del ferrocarril.

2. Nosotros _____ las mercancías hasta Los Ángeles y nos encargamos de

   los _____ de aduana en la frontera.

3. Voy a enviar artículos de cuero y tejidos de _____,

   de _____ y de otras fibras.

4. Los artículos de _____ soplado son muy frágiles.

5. Si el _____ es bueno, apenas ocurren daños en la mercancía.

6. El seguro de estos artículos es más caro porque el _____ de las mercancías

   aumenta el riesgo de _____ y averías.

Examen final, Lecciones 1–10   SPANISH FOR BUSINESS AND FINANCE, **Fifth Edition**

Circle the word or phrase that best completes each sentence. (50 pts.)

1. No deseo un asiento de ventanilla; deseo un asiento de (pasillo, aeropuerto, demora) en la sección de no fumar.

2. ¿A qué hora (evitan, anuncian, fuman) el vuelo?

3. Necesita llenar la declaración de (mostrador, aduana, puerta) ahora.

4. La señora necesita una almohada y una (fila, salida, cobija) enseguida.

5. ¿Desea un pasaje de ida y vuelta o de ida (cuando, antes, solamente)?

6. Ud. debe abrir su (casa de cambio, equipaje, escalera) en la aduana.

7. La computadora es para mi uso (personal, donde, verdad).

8. Por favor, ¿dónde (baja, acepta, queda) la casa de cambio de moneda?

9. Su asiento está en la fila tres a la (ciudadana, maleta, izquierda).

10. ¿A cómo está el (alcohólico, cambio, bulto)?

11. La habitación tiene aire (fecha, impuesto, acondicionado).

12. Para asegurar su reservación necesito los (botones, datos, llaves) de su tarjeta de crédito.

13. (Al poco rato, Algo más, Más o menos) la señora llama al empleado.

14. El botones va a (asegurar, lamentar, trasladar) su equipaje a otra habitación.

15. Ahora Ud. debe llenar la (habitación, recepción, tarjeta) de huésped.

16. El pescado aquí es (mixto, fresco, puedo).

17. Cuando la señora termina de comer llama al (lenguado, frijol, mesero).

18. Deseo tomar una (corbina, cuenta, copa) de vino.

19. De aquí al hotel (lee, demora, termina) menos de cuarenta minutos.

20. El Sr. Díaz va a la cafetería a la hora del (marisco, pan, almuerzo).

21. Necesito hablar con el jefe de (citas, ventas, piezas) al por mayor.

22. Estoy interesada en (comprar, escuchar, hablar) artículos de artesanía.

23. Voy a llamarla por el (barro, gerente, intercomunicador).

24. ¿Quiere ver las piezas de barro que están en el salón de (jarrón, exhibición, diseño)?

25. Tengo (mecado, precio, sed). Deseo tomar algo.

26. Ud. tiene que tener en cuenta que nuestros (precios, visitantes, envíos) son muy bajos.

27. No se preocupe. Ud. puede (atender, volver, averiguar) a sus visitantes aquí.

28. ¿Tiene Ud. crédito (mayor, menor, bancario)?

29. Él va a (costar, poder, preparar) las cotizaciones más tarde.

30. Aquí Ud. va a (medir, encontrar, creer) una variedad de artículos a bajo precio.

31. ¿Hay alguna regulación en cuanto al tamaño y al (impreso, tiempo, peso) de los paquetes?

32. ¿Dónde puedo cobrar un (empleado, largo, giro) telegráfico?

33. ¿Conoce Ud. alguna agencia internacional de (lejos, gratis, envío) de paquetes?

34. El paquete contiene catálogos y (claves, ventanillas, folletos) sin valor comercial.

35. Necesito (saber, saludar, avisar) si los impresos pagan un derecho menor.

36. ¿A qué (frente, parte, licencia) de la ciudad quiere ir Ud.?

37. Él está aquí de turista, no en (viaje, aumento, descarga) de negocios.

38. Ud. debe (ayudar, importar, cruzar) la calle.

39. Todos los autobuses van muy (llenos, todos, acompañados).

40. Este autobús no la lleva allí. Debe hacer (tiempo, rotura, transferencia).

41. Creo que el transbordo (aumenta, cabe, compensa) el riesgo de roturas.

42. Las (tarifas, averías, tierras) de ferrocarril son menores.

43. Nosotros nos (entregamos, responsabilizamos, utilizamos) con el transporte de mercancías.

44. El precio de esos artículos es por metro (cúbico, bueno, poco) de volumen.

45. Ellos se encargan de todos los (daños, kilos, trámites) de aduana en la frontera.

46. Soy mecanografista y sé (almorzar, consistir, archivar).

47. Ella quiere saber cuáles son los (beneficios, aumentos, oficinistas) adicionales.

48. Nosotros le (descontamos, empleamos, solicitamos) el ocho por ciento de su sueldo.

49. Damos dos semanas de vacaciones al (respecto, tamaño, año).

50. Ella le va a dar todo el material que debe (contratar, leer, contribuir) antes de firmar el contrato de trabajo.

Examen final, Lecciones 11–20   SPANISH FOR BUSINESS AND FINANCE, Fifth Edition

Circle the word or phrase that best completes each sentence. (50 pts.)

1. El contador lleva la contabilidad de la (nómina, empresa, entrada).

2. Ellos preparan los estados de pérdidas y (casos, ausencias, ganancias).

3. Ellas necesitan (consultar, perdonar, evaluar) sus necesidades.

4. Esos errores pueden ser muy (costosos, contables, valiosos).

5. Es necesario tomar una (necesidad, decisión, iguala) hoy.

6. Cada caja registradora se (conecta, alimenta, gasta) con la computadora.

7. El (importe, reloj, alquiler) marca las entradas y salidas de los empleados.

8. La contadora nos va a recomendar los programas y (cobros, presupuestos, equipos) que necesitamos para automatizar la contabilidad.

9. La computadora (registra, parece, basta) las asistencias y hace los descuentos.

10. Nosotros necesitamos un sistema de (ayuda, etiqueta, computación) más sofisticado.

11. Yo recibo parte de las utilidades porque soy una de las (viudas, botas, socias) del negocio.

12. Recibo una pensión desde que (cobró, vivió, murió) mi esposo.

13. ¿Tiene Ud. el documento que (acredita, vende, debe) los beneficios recibidos?

14. ¿Es Ud. el (cabeza, caridad, carrera) de la familia?

15. Nosotras tenemos un certificado de depósito a (bono, herencia, plazo) fijo.

16. Ya hicimos la solicitud, pero (durante, todavía, notablemente) no hemos recibido respuesta.

17. Uds. deben mejorar la (estación, indicación, apariencia) de sus productos.

18. Aquí la mano de (obra, giro, lema) es muy barata.

19. Nuestras etiquetas son de (campaña, chamarra, tela) y tienen la marca del país de origen.

20. Yo pensaba contratar (apariencia, anuncios, competencias) en periódicos y revistas locales.

21. El banco paga intereses sobre el (gobierno, saldo, centavo) de las cuentas corrientes.

22. Mis hijos se (gustaron, mudaron, giraron) a este barrio ayer.

23. Mi banco (quebró, declaró, mostró) y perdí mucho dinero.

24. Mis (efectivos, hijos, quiebras) son los beneficiarios de mis cuentas.

25. Voy a depositar un cheque de (planilla, vecindario, caja) en mi cuenta.

26. Necesito un préstamo para pagar la matrícula porque no me dieron (asesoramiento, beca, novio).

27. Antes de darle el dinero para la hipoteca necesito la dirección del condominio para que el (condado, comején, tasador) pueda verlo.

28. Ud. no (califica, espera, aprueba) para ese tipo de préstamo.

29. Antes de poner el negocio necesita asesoramiento económico y (variables, interesado, legal).

30. Si no podemos asumir la hipoteca original, preferimos un interés (habitado, hundido, variable).

31. El piso de la cocina y de los baños no tiene alfombra. Es de losas de (chimenea, fachada, cerámica).

32. El techo de la casa es de (tejas, linóleo, comején).

33. El dueño ordenó una inspección para ver si la case tiene (nivel, aval, termitas).

34. La corredora dice que en los pagos mensuales están incluidos el seguro y las (cortinas, piedras, contribuciones).

35. Remodelaron la cocina recientemente. Ahora tiene lavadora de platos y dos (vecinos, hornos, jardines).

36. Las condiciones del alquiler son tres meses en fondo y (pagos, pies, edificios) por adelantado.

37. Para (asumir, adaptar, esperar) el local, sólo necesitamos poner probadores y escaparates.

38. Antes de firmar el (lado, estante, contrato) Ud. debe autorizarnos a investigar su crédito.

39. Este local ya está (cuadrado, alquilado, manchado). Aquí van a poner una juguetería.

40. La mayoría de los regalos para niños son ropas, dulces y (entrepaños, novios, juguetes).

41. Por cada mil dólares de cobertura Ud. pagará una (firma, multa, prima) de noventa centavos.

42. Las nevadas, los huracanes y los (daños, terremotos, enseres) son fenómenos naturales.

43. ¿Ud. quiere un seguro contra todo (motín, tornado, riesgo), o uno que cubra solamente la responsabilidad civil?

44. Yo había parado en el (cuello, pleito, semáforo) y el camión me pegó por detrás.

45. El chofer estaba (borracho, manchado, grave). Le hicieron la prueba del alcohol y resultó positiva.

46. Deseo hacer (bufete, testamento, testigo) y nombrar albacea por si muero antes de que mis hijos sean mayores de edad.

47. Los pleitos de (abintestato, frente, herida) son largos y caros.

48. La póliza contra todo riesgo cubre las pérididas por (inundaciones, testamentos, honorarios) y robos.

49. Es una lástima que las alfombras estén (cuidadas, manchadas, vacías).

50. El edificio fue (investigado, dudado, pintado) recientemente.

Prueba de vocabulario, Lección 5   SPANISH FOR LAW ENFORCEMENT, Fifth Edition

Complete the following sentences with the appropriate word or phrase. (10 pts.)

1. Nosotros vamos a ir de vacaciones y nuestros vecinos van a _____.

2. Hay un incendio. Vamos a llamar a los _____.

3. Yo voy a _____ el césped y después lo voy a regar.

4. Donde hay _____, hay fuego.

5. La telefonista _____ varias llamadas telefónicas.

6. Las luces no están _____.

7. ¿Cuándo piensan estar de _____?

8. Hay muchas casas muy grandes en este _____.

9. Tenemos un sistema de _____ automático.

10. Vamos a _____ la entrega de la correspondencia.

Examen final, Lecciones 1–10   SPANISH FOR LAW ENFORCEMENT, Fifth Edition

Circle the word or phrase that best completes each sentence. (50 pts.)

1. La (calle, telefonista, ayuda) habla con ellos.

2. Vengo a (llamar, denunciar, desear) un robo.

3. Enseguida mando (un delito, una guantera, un carro patrullero).

4. ¿Puede Ud. (llenar, parecer, deletrear) su apellido?

5. ¿Dónde (exige, anda, queda) el Banco de América?

6. ¿Debemos seguir derecho o (doblar, perder, salvar)?

7. Lleva puesto un (informe, casco de seguridad, estado).

8. ¿A qué hora (regresan, suceden, pasan) sus hijos?

9. ¿Son grandes o (perdidos, pequeños, incómodos)?

10. Está a una (bicicleta, cuadra, escuela) de aquí.

11. ¿Qué están haciendo Uds. aquí a esta (marca, hora, fotografía)?

12. Tiene diecisiete años; es (verde, solo, menor de edad).

13. (La tarjeta, El jardinero, La esquina) está en el patio.

14. Fue miembro de (un toque de queda, un problema, una pandilla).

15. ¡Alto o (disparo, protesto, subo)!

16. Si trata de entrar, debes (rondar, reconocer, prender) la luz.

17. ¿Lleva sombrero o (camisa, arma de fuego, gorra)?

18. No es alta; es (joven, de estatura mediana, peligrosa).

19. ¿Está con el hijo o con (el marido, la ropa, los pantalones)?

20. Recibí una (linterna, llamada, semana) urgente.

21. Mi vecina no está en su casa; está (dentro, próximo, de vacaciones).

22. Vamos a estar (de vuelta, esta noche, varios) el tres de enero.

23. Ella vivió en mi (césped, riego, barrio).

24. Hay humo... ¿Hay (una correspondencia, un correo, un incendio)?

25. Vas a (encender, contestar, comunicar) el teléfono.

26. ¿Quién fue a (recoger, salir, pensar) el periódico?

27. La agente lee (la advertencia, la aguja, la cosa) Miranda.

28. Ud. tiene el derecho de permanecer (encendido, prendido, callado).

29. Si Ud. no puede pagar (un bolsillo, una lesión, un abogado), se le nombrará uno para que lo represente.

30. ¿Ud. (da, comete, decide) sangre a veces?

31. Mire aquí, por favor. Debe tratar de no (entender, parpadear, sacar).

32. Ella (describe, conoce, mide) unos seis pies.

33. Es el dueño de (una licorería, una peca, una pulgada).

34. Yo (corro, acompaño, fumo) cigarrillos negros.

35. Los coches están en (el tatuaje, la zona de estacionamiento, la vida).

36. ¿Es rubia o (zurda, vieja, pelirroja)?

37. Es el esposo de mi mamá; es mi (juez, maltrato, padrastro).

38. Cuando yo le hablo, ella no (ingresa, quita, me hace caso).

39. Tengo miedo porque creo que él me quiere (matar, aceptar, perdonar).

40. Le voy a (pedir, maltratar, preguntar) si tiene que empezar la investigación.

41. Está (tercera, cierta, encerrada) en la recámara.

42. Arrime el carro a la acera y (pegue, apague, pague) el motor.

43. Son las (cuatro, once, doce) de la madrugada.

44. Cierre (el brazo, la nariz, los ojos).

45. Recoja esa moneda (del suelo, de la milla, del aliento).

46. Es una ley (estatal, química, elegida).

47. Los ladrones me (compraron, anotaron, robaron) un televisor.

48. Me dio (dinero, joyas, discos compactos) en efectivo.

49. Sus (pueblos, cerraduras, huellas digitales) están en la computadora.

50. No me (quedo, bajo, acuerdo) del número de serie.

Examen final, Lecciones 11–20   SPANISH FOR LAW ENFORCEMENT, Fifth Edition

Circle the word or phrase that best completes each sentence. (50 pts.)

1. Me voy a (matricular, agravar, regalar) en esa escuela secundaria.

2. Trató de darle cien dólares al agente de policía. Eso es un intento de (botella, pandilla, soborno).

3. ¿Uds. necesitan algo? A mí no me (engaña, distribuye, hace falta) nada.

4. No podría ir con ella, pero podría ir (cuyo, aunque, contigo).

5. Está en perfectas condiciones y cuesta solamente diez dólares. ¡Es (una ganga, una perla, un collar)!

6. Él vio el accidente; es un (delito mayor, testigo, jurado).

7. Lo arrestaron porque (estafó, ofreció, respondió) a alguien.

8. No tiene dinero porque (se quedó sin trabajo, le dieron una piedra, cobró cien dólares).

9. La motocicleta chocó con (un camión, el camino, la venda).

10. Necesitan un extinguidor de (faros, lados, incendios).

11. Hubo un accidente y (chequearon, murieron, apagaron) seis personas.

12. ¿Cómo (se siente, se desvía, se levanta)? ¿Bien?

13. Me caí y (pasé, me lastimé, rebasé).

14. Teníamos tanto miedo que estábamos (temblando, empeñando, perjudicando).

15. Su esposa no quería que manejara porque estaba (quieto, mareado, derecho).

16. Había muchos carros en (el semáforo, la autopista, la pierna).

17. ¡Maneje con (cruce, carril, cuidado)!

18. Se pasó (la multa, la luz, la vía) roja.

19. Tengo (sólo, tan, cerca) diez dólares en la cartera.

20. Ella estaba conduciendo imprudentemente. Ella (tuvo la culpa, habló, es la madre) del accidente.

21. Está (cruzando, poniendo en peligro, secuestrando) su vida.

22. Estamos atrasados en (el riesgo, los pagos, los cubiertos).

23. Viven en un buen (valor, vecindario, plazo).

24. La (verdad, grabadora, chapa) de mi coche es TGR 3241.

25. Los aretes eran de (placa, plata, yerba).

26. ¿Las copias del informe? Se las pienso (entregar, fichar, saltar) mañana.

27. Cierre la puerta con (esposas, estafa, llave).

28. No (debo, saludo, encuentro) la videocasetera. ¿Dónde está?

29. El coche estará (atrasado, estacionado, demasiado) enfrente de mi casa.

30. ¿(Cómo, Cuándo, Dónde) ocurrió? ¿Ayer?

31. Me gusta tu (cartera, cadena, billetera) de oro.

32. He puesto las cosas en el (cuello, mostrador, bono).

33. Sus (pertenencias, caras, novias) serán puestas en un sobre sellado.

34. Van a (vaciar, retratar, prometer) al detenido.

35. El detenido estaba (esposado, permitido, atravesado) cuando lo trajeron a la comisaría.

36. No quiere que le tomen (los peines, las huellas, las celdas) digitales.

37. Ella dice que sí y yo digo que no. No estamos (por completo, por escrito, de acuerdo).

38. Ud. está en libertad bajo (fianza, cabina, prima).

39. Me robaron una (cicatriz, sortija, boca).

40. ¿Cuántos años tiene? Necesito saber su (cruz, edad, falda).

41. Tiene un lunar en (la cara, el detalle, el anillo).

42. Llamaron a la policía porque la muchacha (se había escapado, había estudiado, había salido con su tía).

43. Elsa es (más baja, mayor, más clara) que Roberto. Ella tiene veinte años y él tiene dieciocho.

44. El hombre tenía barba y (cuchillo, flecha, bigote).

45. Si viera bien, no usaría (baños, anteojos, pruebas) para leer.

46. Tengo mucho trabajo. ¿Tú me puedes (ayudar, gritar, olvidar)?

47. No tenía pelo; era completamente (sucio, castaño, calvo).

48. Había (olor, papeleta, veneno) a gas en la cocina.

49. Mi coche tiene algunos (hornos, desperfectos, dorsos).

50. Prometen que vendrán mañana (tal cosa, en cuanto, sin falta).

Prueba de vocabulario, Lección 5   SPANISH FOR MEDICAL PERSONNEL, Fifth Edition

Complete the following sentences with the appropriate word or phrase. (10 pts.)

1. La niña tiene una _____ en el _____.

2. ¿La niña está _____ contra la difteria, la tos _____ y el tétano?

3. Vamos a hacerle una _____ de tuberculina.

4. Lo mejor es _____ la piel con un _____ especial.

5. Quiero ver a la niña la semana que _____.

6. (*A la recepcionista*) Quiero pedir _____ para la semana próxima.

7. El doctor va a _____ Kaopectate para la diarrea.

8. Para la _____ en la cabeza debe usar aceite mineral.

Examen final, Lecciones 1–10   SPANISH FOR MEDICAL PERSONNEL, Fifth Edition

Circle the word or phrase that best completes each sentence. (50 pts.)

1. Mi (planilla, apellido, pulgada) es Smith.

2. Yo (mido, miro, peso) ciento cincuenta libras.

3. Necesitamos radiografías y análisis de (sangre, consultorio, cuenta).

4. Deseo comer pollo y, de postre, (cajetilla, jarabe, fruta).

5. ¿Desea tostadas con (dentadura postiza, frazada, mantequilla)?

6. Yo uso lentes de contacto; no uso (anteojos, pastilla, chata).

7. ¿Quiere jugo de (cereal, almohada, naranja)?

8. Tiene (hambre, fiebre, cuarto). Su temperatura es de ciento dos grados.

9. El niño necesita vitaminas, proteína y (recetas, resfriados, hierro).

10. Si la fiebre no (compra, baja, evita), debe regresar mañana.

11. La Sra. Leyva está (cansada, embarazada, dura). Va a tener un bebé.

12. Tengo los (dolores, tobillos, malpartos) hinchados.

13. Necesita descansar y (reconocer, cubrir, evitar) los trabajos pesados.

14. La niña tiene las (tarjetas, cuentas, nalgas) irritadas.

15. ¿La niña está vacunada contra la (pulgada, tos ferina, cita)?

16. Es una vacuna contra las tres (salas de espera, gotas, enfermedades).

17. Vamos a hacerle una (piel, rubéola, prueba) de tuberculina.

18. La niña tiene (cabeza, aceite, salpullido). Necesita un ungüento especial.

19. La niña tiene una infección en (la tos, el oído, las paperas.)

20. Voy a recetarle (fiebre, difteria, unas gotas) para el oído.

21. Quiero ver a la niña la semana que (viene, va, limpia).

22. Si necesita perder peso, debe (comer más dulces, tomar más refrescos, comer sólo la mitad de lo que come ahora).

23. Mi padre (padece del, adelgaza el, prepara el) corazón.

24. Aquí tengo una lista de (almohadas, alimentos, gasas).

25. Quiero mantequilla de (hígado, repollo, maní).

26. Ellos son (peligrosos, distintos, recién) casados.

27. Si tiene la cara inflamada, póngase una bolsa de (gasa, espacio, hielo).

28. ¿Doblo la cabeza hacia adelante o hacia (cuando, afuera, atrás)?

29. No puede hablar mucho porque está (embarazada, cansada, ronca).

30. Respire por (la boca, el estómago, los huesos), por favor.

31. ¿Tiene algún (peso, paciente, ruido) en el oído?

32. No coma nada. Debe ir al laboratorio (en carro, en ayunas, solamente).

33. Respire (gordo, ronco, hondo).

34. Anita va al dentista porque le duele (la rodilla, la muela, la historia clínica).

35. No puedo (limpiar, morder, ver) nada porque me duelen los dientes.

36. Me van a sacar la muela (del juicio, hinchada, local).

37. Me sangran (las barbillas, las encías, las rodillas) cuando me cepillo los dientes.

38. El (hilo dental, hielo, sarro) puede causar piorrea.

39. Esta muela necesita (una corona, una aborto, una comezón).

40. *Colgate* es (un cepillo, un aliento, una pasta dentífrica).

41. Tiene dos caries. Voy a (cepillarlas, tocarlas, empastarlas) la semana próxima.

42. (Prepárese, Enjuáguese, Apriétese) la boca y escupa aquí.

43. Traen (los mareos, las muelas, al herido) en una ambulancia.

44. Se cayó y (se cepilló, se sintió, se golpeó) la cabeza.

45. La herida es grande. El doctor va a tener que darle diez (camillas, puntos, árboles).

46. Vamos a hacerle (un análisis, una prueba de tuberculina, unas radiografías) para ver si hay fractura.

47. El niño tomó (jugo de toronja, leche fría, veneno). Van a hacerle un lavado de estómago.

48. Ud. se rompió el brazo. Vamos a tener que (dárselo, fracturárselo, enyesárselo).

49. Tiene que usar (escaleras, un frasco, muletas) para caminar.

50. La niña se quemó con agua (fría, vacía, hirviendo).

Examen final, Lecciones 11–20   SPANISH FOR MEDICAL PERSONNEL, **Fifth Edition**

Circle the word or phrase that best completes each sentence. (50 pts.)

1. Sufre (del corazón, de la comida, de la edad).

2. Tuvo (un riñón, un hígado, una hemorragia) cerebral.

3. Yo le (afecto, disminuyo, aconsejo) que vaya al médico.

4. Tiene que (seguir, ocurrir, eliminar) la sal de su dieta.

5. ¿Qué (ocurrió, trató, sugirió)? ¿Hubo un accidente?

6. El problema está (cualquiera, apenas, fielmente) comenzando.

7. Le van a (tomar, sufrir, tragar) la presión.

8. No oye bien; necesita (un audífono, azúcar, várices).

9. La cerveza es (una almorrana, una bebida, una verruga) alcohólica.

10. Voy a comprar un par de (piedras, medias, luces) elásticas.

11. Tiene (laxante, purgante, cálculos) en la vesícula.

12. Quiero (un vaso, un cansancio, una debilidad) de agua.

13. Yo he (notado, aconsejado, sugerido) mucha acidez en el estómago.

14. No me gustan las comidas muy (sordas, nerviosas, condimentadas).

15. No vamos al hospital diariamente; vamos (últimamente, fielmente, de vez en cuando).

16. No oye nada. (Se le pasó el dolor, Sacó la lengua, Se quedó sordo).

17. El cardiólogo le va a hacer un (infarto, electrocardiograma, vino).

18. ¿Cuál es la (habitación muchacha, fecha) de hoy? ¿El tres de enero?

19. Hemos visitado muchos (ataques, lugares, globos).

20. El médico ha hablado con todos los (riñones, cuellos, enfermos).

21. Yo no (dudo, recibo, dejo) que él murió de SIDA.

22. Ella está (bajo, como, en) tratamiento psiquiátrico.

23. El bebé está en (la moneda, la bañadera, el conteo).

24. La ipecacuana está en (el maquillaje, el botiquín, la estufa).

25. Voy a comprar (una cuna, un fósforo, una cerilla) para el bebé.

26. Un sinónimo de **hueco** es (agujero, alfiler, estuche).

27. El médico me dio muy buenos (granos, rasguños, consejos).

28. Tiene (una cortadura, un mueble, lejía) en la pierna. Le sangra mucho.

29. Los niños están en (la plancha, la pintura, la escuela).

30. El niño puede (envenenarse, gatear, calmarse) con ese tinte.

31. Voy a poner (la piscina, los muebles, las pinzas) en el botiquín.

32. El niño no debe estar cerca de la (cuna, estufa, pregunta).

33. Nunca ponga yodo en (el estuche, la quemadura, el mueble).

34. Ponga enchufes de seguridad sobre los (fósforos, tomacorrientes, hornos).

35. Limpie la herida y cúbrala con (una pared, una plancha, un vendaje).

36. Si la herida es (profunda, útil, segura), llame al médico.

37. No deje al niño (en la cuna, en la casa, al sol) por mucho tiempo.

38. Tengo una cortadura. ¿Tienes (un alfiler, una curita, una bañera)?

39. Hay un ungüento para (partos, huecos, quemaduras) menores.

40. Yo me (asusté, relajé, envenené) cuando el niño se atragantó.

41. El bebé (se sofoca, se baña, gatea), pero no camina.

42. ¿Hay alguien con los niños o (son útiles, están seguros, están solos)?

43. El marcapasos es (un calambre, una caja, una cuadra) con baterías.

44. ¿Cuánto tiempo van a (durar, encontrar, mejorar) las baterías?

45. Es un (sudor, hermano, pariente) cercano.

46. Todos (latieron, duraron, murieron) en el accidente.

47. Es un dolor (punzante, solo, condimentado).

48. ¿Están dormidas o (agudas, despiertas, estrechas)?

49. No puedo respirar. Me (aseguro, contiene, falta) el aire.

50. Mi tío (aguanta, trata, padece) del corazón.

Prueba de vocabulario, Lección 5   SPANISH FOR SOCIAL SERVICES, Fifth Edition

Complete the following sentences with the appropriate word or phrase. (10 pts.)

1. Mi esposo vive en Arizona y yo vivo en California. No vivimos _____.

2. ¿Hay alguna posibilidad de _____ con su esposo?

3. Voy a regresar la semana _____ porque hoy tengo mucha

   _____.

4. Yo vivo en los Estados Unidos, pero no soy norteamericana; soy _____.

5. Necesito los cupones de la _____ de la casa.

6. Ud. necesita tener un documento de identificación con su _____.

7. Su certificado de nacimiento está en español, pero eso no _____ porque

   nosotros tenemos _____.

8. Él necesita ver la _____ del seguro de su carro.

Examen final, Lecciones 1–10

SPANISH FOR SOCIAL SERVICES, Fifth Edition

Circle the word or phrase that best completes each sentence. (50 pts.)

1. Ella trabaja en el Departamento de (Bienestar, Planilla, Apellido) Social.

2. Mi (domicilio, apellido, estado de soltera) es Ramírez.

3. Ud. no es (siguiente, elegible, actual) para recibir ayuda.

4. Necesito dinero para (desear, llenar, pagar) el alquiler.

5. Debo pagar la electricidad, el teléfono y otras (ayudas, casas, cuentas).

6. Ella va a (trabajar, llenar, aprender) la planilla ahora.

7. Mi esposo no está en los Estados Unidos; está en otro (condado, país, estado).

8. ¿Qué (ayuda, entrada, fecha) es hoy? ¿El doce de enero?

9. Vengo a (solicitar, dejar, firmar) un número.

10. Necesitamos su certificado de (nacimiento, centavo, prueba).

11. Mi esposo y yo estamos separados; no vivimos (próximos, propios, juntos).

12. Vivimos en los Estados Unidos, pero no somos norteamericanos; somos (casados, extranjeros, varios).

13. Necesita un documento de identificación con su (condado, entrevista, fotografía).

14. ¿Tiene Ud. casa (propia, verdadera, mensual)?

15. Tengo que pagar la (ciudadanía, ayuda, hipoteca) de la casa.

16. Necesitamos conseguir (carro, seguro, personas) para el coche.

17. Mi situación es la (siguiente, misma, mayor).

18. Necesitan un (pago, dolor, refrigerador) nuevo.

19. Si hay menos personas en su casa, Ud. recibe menos dinero. Esos son los (gastos, almuerzos, reglamentos).

20. El dinero que recibo no (alcanza, cuesta, gasta) para nada.

21. Hay que (alcanzar, notificar, depender) los cambios en seguida.

22. No tengo dinero para mis (reglamentos, cambios, gastos).

23. La oficina de la Srta. Alba está al final del (barrio, pasillo, seguro).

24. El Sr. Vargas (viene, utiliza, cobra) a solicitar un permiso de trabajo.

25. ¿Qué (ahorros, reglamentos, arreglos) puede hacer Ud. para el cuidado de sus hijos?

26. Ella recibe estampillas para (el barrio, alimentos, empleo).

27. Mis hijos van a una (enfermedad, guardería, beca).

28. ¿Cuánto (lleva, gana, mantiene) ella en ese empleo?

29. Debo trabajar para (mantener, ganar, llevar) a mis hijos.

30. Debe completar la primera (estampilla, salud, página) con la información.

31. Debe contestar estas (horas, preguntas, cuentas).

32. Deben traer la información lo más (entonces, ahorita, pronto) posible.

33. ¿Puede (decirme, durar, utilizar) en qué consiste el programa?

34. Viven en un (proyecto, empleo, hombro) de la ciudad.

35. Ella tiene una cuenta corriente y una cuenta de (entrada, ahorros, salud).

36. Mis hijos no (consiguen, mantienen, asisten) a la escuela.

37. ¿Cuáles son sus gastos mensuales en (médico, cuidado, sueldo) y medicinas?

38. ¿Quién (alcanza, cuida, conoce) a sus hijos cuando Ud. trabaja?

39. Mi esposo no puede trabajar porque tiene mucho dolor en el (seguro, cambio, hombro).

40. Mi hijo es (horario, jardinero, juzgado) y trabaja por su cuenta.

41. Ellos no tienen seguro de (ropa, cartas, salud).

42. Tengo ochenta dólares en (efectivo, prueba, entrenamiento).

43. Ud. debe ir al juzgado e iniciar los trámites de (oficio, necesidad, divorcio).

44. Mañana (después de, al día, sin falta) voy a hablar con un abogado.

45. Me casé antes de (contar, cobrar, terminar) la escuela secundaria.

46. Deseo comenzar el (entrenamiento, dato, oficio) para auxiliar de enfermera.

47. Le (mejoro, demoro, agradezco) mucho su ayuda, señorita.

48. No (aprendí, quedé, costé) mucho porque falté mucho a clase.

49. A mi hija le dieron una (guardería, beca, entrada) para asistir a una escuela parroquial.

50. Ella quiere (aprender, casarse, contestarse) con otro hombre en seguida.

Examen final, Lecciones 11–20

SPANISH FOR SOCIAL SERVICES, **Fifth Edition**

Circle the word or phrase that best completes each sentence. (50 pts.)

1. Carlos (maneja, cubre, anota) un camioncito.

2. Tienes que (dejar de, presentar, obtener) hacer travesuras.

3. Tengo una cicatriz en (el folleto, la escalera, el brazo).

4. Voy a (abrir, aceptar, denunciar) la puerta.

5. Me duele mucho (el centro, el turno, la pierna).

6. Ella sabe lo que pasó. Es (forma, testigo, retiro).

7. ¿Cómo disciplina Ud. a los niños? ¿Les (sucede, pasa, pega)?

8. Lo van a castigar porque (caminó, murió, se portó mal).

9. La (paliza, cerveza, pelota) es una bebida alcohólica.

10. ¿Te duele la cabeza? ¿Necesitas un (andador, cuarto, calmante)?

11. Mi suegra está en su (cuarto, vino, cara).

12. No le creo... Ella siempre (nota, miente, consulta).

13. ¿Vas a abrir la puerta o ya está (cansada, abierta, enojada)?

14. Trabajó mucho y ahora está muy (juguetona, majadera, cansada).

15. No quiero trabajar con Elena porque ella y yo (nos quedamos quietos, no nos llevamos bien, tomamos agua).

16. Yo tengo artritis y a veces tengo (asilo, bastón, dificultad) para ponerme los zapatos.

17. Había una cucaracha en (el ratón, la bañadera, el maltrato).

18. Estoy (arreglando, cocinando, anotando) lo que dice el profesor.

19. Tengo que (caminar, consultar, limpiar) la casa.

20. La niña vive con (unos ratones, unas cucarachas, unos parientes).

21. Necesita una silla de ruedas porque no (camina, cocina, limpia).

22. Es mi vecina; vive en la casa (por suerte, a lo mejor, de al lado).

23. Yo cociné ayer. ¿Quién va a hacer (la comida, la paliza, la travesura) hoy?

24. Los empleados necesitan saber más sobre (la vida, el calentador, la jubilación) porque todos tienen más de cincuenta años.

25. Se cayó y (verificó, nació, se lastimó).

26. Comienza a recibir el dinero al (nacer, presentar, cumplir) setenta años.

27. ¿Está mejor? (¡Tanto tiempo!, ¡Mientras tanto! ¡Menos mal!)

28. Le dieron una tranfusión de (prima, sangre, hielo).

29. Hay dos (pintas, tratamientos, camas) en el cuarto.

30. Yo le (ingreso, incluyo, aconsejo) que vaya al médico.

31. Tengo muchos problemas con la espalda. Necesito (gafas, un quiropráctico, un audífono).

32. Le van a hacer una radiografía de la (pierna, dentadura postiza, patrona).

33. Si tiene relaciones sexuales, es una buena idea usar (una organización, un preservativo, el pus).

34. Faltó al trabajo muchas veces y temo que lo (maten, despidan, eviten).

35. Mató a un hombre y ahora está en (la cárcel, el mercado, el Departamento de Sanidad).

36. El policía lo detuvo por manejar estando (disgustado, enojado, borracho).

37. Vamos a (suceder, pasar, contagiar) dos semanas en San Francisco.

38. Estoy muy (delgado, preocupado, pálido) porque son las doce de la noche y mi hijo no está en casa.

39. Toma mucho vino y mucha cerveza. (Aparece, Se emborracha, Resuelve) todos los fines de semana.

40. Tengo que (ponerme, mudarme, preocuparme) en contacto con el supervisor.

41. Necesito un poco de (agua, crema, almohada) oxigenada.

42. El bebé está en la (lejía, mantequilla, cuna).

43. Puse la medicina en (el fogón, el aparato, el botiquín) de primeros auxilios.

44. Necesitamos (tapas, gasas, jabones) de seguridad sobre los tomacorrientes en este cuarto.

45. El bebé empezó a (vacunar, verificar, gatear) ayer.

46. Anita (nació, aplicó, cumplió) diez años.

47. El niño no debe estar cerca (de la mantequilla, de la piscina, del horno) porque puede quemarse.

48. Cubra la herida con una (plancha, pintura, venda).

49. Rosa está dormida; la voy a (madurar, vacunar, despertar) porque tiene que ir a trabajar.

50. Vende cosméticos en sus (regalos, periódicos, ratos) libres.

Prueba de vocabulario, Lección 1

SPANISH FOR TEACHERS, Fifth Edition

Complete the following sentences with the appropriate word or phrase. (10 pts.)

1. María no _____ atención.

2. Necesita repasar la _____ de multiplicar.

3. Siempre lleva _____ a casa porque nunca termina el trabajo aquí.

4. Ella trabaja bien independientemente, pero a _____ necesita trabajar con los

   _____.

5. ¿Qué _____ la O en la _____ de calificaciones? La O

   significa _____; la S, _____, y la N, necesita

   _____.

Examen final, Lecciones 1–10

SPANISH FOR TEACHERS, **Fifth Edition**

Circle the word or phrase that best completes each sentence (50 pts.)

1. El maestro escribe en la pizarra con (la pluma, el lápiz, la tiza).

2. La niña necesita (ayuda, trabajo, escritorio) con su tarea para poder mejorar en la clase.

3. Ud. debe (firmar, escuchar, sumar) la libreta de calificaciones.

4. Su hijo necesita repasar la tabla de multiplicar y también (leer, llevar, terninar) más y prestar atención en la clase.

5. La O significa (restar, sobresaliente, muy poco).

6. Todos deben escribir la fecha en su cuaderno y (copiar, bajar, sumar) el ejercicio de vocabulario.

7. Deben (borrar, llamar, dibujar) un árbol.

8. Las clases (empiezan, saben, duermen) la semana próxima.

9. Deben leer (la página, el grupo, la hora) cuatro en silencio, no en voz alta.

10. Los niños no pueden ir (al baño, al papel, a la palabra) hasta las diez.

11. Mi tío padece del corazón y van a (cerrarlo, operarlo, cubrirlo).

12. Debemos escribir los nombres propios con letra (minúscula, mayúscula, clara).

13. El verbo, (el artículo, el repaso, el significado) y el adjetivo son partes de la oración.

14. Puedes buscar las palabras nuevas en (el color, el diccionario, la ortografía).

15. Tu letra es muy bonita. Escribes muy (mal, bien, terninado).

16. Necesitas (escribir, subrayar, participar) una composición para la clase de lenguaje.

17. La agricultura y (el incendio, la montaña, la ganadería) son fuentes de riqueza.

18. El Mississippi es uno de los (números, estados, ríos) de los Estados Unidos.

19. Estados Unidos limita al (norte, este, oeste) con Canadá.

20. Para la clase de geografía de la semana próxima necesitamos (un globo terráqueo, una población, un terremoto).

21. Uso (las tijeras, el estambre, el algodón) para cortar el papel por la mitad.

22. Deben poner el modelo sobre el papel y (dobla, dibujar, limpiar) una línea alrededor.

23. El estambre está en el (dibujo, cajón, fieltro) de arriba de mi escritorio.

24. No debemos (recoger, trazar, mascar) chicle en la clase de arte.

25. Vamos a (pegar, regresar, recoger) los círculos en el árbol.

26. La armazón que sostiene el cuerpo es (la piel, el cráneo, el esqueleto).

27. La unión de dos huesos es (una ropa, una coyuntura, un timbre).

28. Primero mascamos y tragamos, y después al comida va (a la cabeza, al microbio, al estómago) y de allí a los intestinos.

29. La nariz está en (la oreja, la espalda, la cara).

30. La tráquea, los bronquios y (las plaquetas, los pulmones, el codo) son partes del aparato respiratorio.

31. El corazón es el órgano que (nombra, lee, envía) la sangre a todo el cuerpo.

32. (Las plaquetas, Los glóbulos blancos, los glóbulos rojos) sirven para coagular la sangre.

33. Los pulmones toman el oxígeno para (purificar, operar, respirar) la sangre.

34. Las arterias, los vasos capilares y (el hígado, el cerebro, las venas) forman parte del aparato circulatorio.

35. (Los mamíferos, Las aves, Los peces) tienen sangre fría y respiran por agallas.

36. La serpiente, la lagartija y el (caballo, pavo, cocodrilo) son reptiles.

37. (Los mamíferos, Las aves, Los insectos) tienen la boca en forma de pico y el cuerpo cubierto de plumas.

38. Los animales invertebtados no tienen (huevos, vida, columna vertebral).

39. Los animales que nacen vivos, tienen el cuerpo cubierto de pelos y sangre caliente son (las aves, los mamíferos, los peces).

40. El cocodrilo, serpiente y (la rana, el pez, la largartija) son reptiles.

41. (Castigar, Dejar, Cambiar) al niño no es la solución. Él necesita ayuda.

42. No (lee, ayuda, cree) al nivel del grado.

43. Pepito tiene habilidad para aprender, pero necesita (guardar, estudiar, firmar) más.

44. Yo creo que el niño tiene problemas con la vista. Quizás necesita (desayuno, gafas, ranas); debe llevarlo al oculista.

45. La parte de la planta que está debajo de la tierra es (el tallo, la raíz, el fruto).

46. Los árboles necesitan la luz del (patio, tronco, sol).

47. Está empezando a llover. Deben (separarse, encontrarse, apurarse) y subir al ómnibus.

48. Caminen en fila de dos en dos. Tómense de las (excursiones, manos, hojas).

49. Su hijo debe (pelearse, esforzarse, portarse) más para aprender.

50. La cereza, la manzana y (el ajo, el clavel, la uva) son frutas.

Examen final, Lecciones 11–20

SPANISH FOR TEACHERS, Fifth Edition

Circle the word or phrase that best completes each sentence. (50 pts.)

1. Los estudiantes van a tener un concurso de (ortografía, manera, regla).

2. María sabe todas las (vocales, sílabas, reglas) de ortografía.

3. Hemos (corregido, ocurrido, bastado) todos los ejercicios

4. Ya (se prepararon, deletrearon, revisaron) para sus exámenes.

5. La palabra **excepción** lleva acento en la (primera, última, penúltima) sílaba.

6. Tengo hambre. ¿Es la hora del (dictado, almuerzo, ejercicio)?

7. Abraham Lincoln (abolió, colonizó, duró) la esclavitud.

8. (Los peregrinos, Las guerras, Las historias) se liberaron de la persecución religiosa.

9. En 1914 estalló la Primera Guerra (Civil, Barata, Mundial).

10. En 1929 comenzó la (Depresión, Colonia, Década) en los Estados Unidos.

11. Los números (romanos, arábigos, impares) se escriben con letras.

12. El 67 es un número (par, perfecto, impar).

13. ¿Son los números impares (divisibles, lineales, decimales) por dos?

14. ¿Me (presta, vale, practica) su lápiz?

15. Está atrasada porque (siempre viene a clase, falta mucho a clase, estudia en la biblioteca).

16. Maricela, por favor (simplifica, muere, presta) este quebrado.

17. Nuestra maestra quiere que usemos (el recíproco, el sistema métrico, la longitud) cuando medimos.

18. Vamos a estudiar (las estrellas, la cocina, las máquinas simples) en la clase de física.

19. ¿Has estudiado la Vía Láctea? No, porque no he tenido la clase de (matemáticas, astronomía, materia).

20. Pablito ya sabe los estados (de materia, compuestos, orgullosos).

21. Mi escritorio (reduce, vale, mide) cinco pies de longitud.

22. El hielo es un (líquido, sólido, gas).

23. A mí me gusta estudiar los animales que viven en (la naturaleza, el espacio, la luna).

24. La luna es un (cloro, ejemplo, satélite) de la Tierra.

25. Estudiamos las fórmulas y las moléculas en la clase de (química, electricidad, sal).

26. Adela va a jugar con sus (cuentos, muñecas, sueldos).

27. ¿Quieres sentarte (en la paz, al lado mío, en el candado)?

28. Los niños van a (llamar, armar, abrochar) un rompecabezas.

29. Paquito y Rosita están jugando y están haciendo mucho (abrigo, trozo, ruido).

30. Las líneas paralelas nunca (se portan mal, se lastiman, se encuentran).

31. Recibe solamente cuarenta dólares al día; no tiene muy buen (cuento, sueldo, radio).

32. ¿Es caro o (igual, barato, vertical)?

33. Quiero que se vayan y me dejan (en el basurero, en paz, en el bloque).

34. Los niños cantaron una (cita, arena, canción).

35. No quiero que comas muchas (curitas, alturas, golosinas).

36. ¿Qué deportes (practicas, cuentas, asistes)?

37. Anita está saltando a la (forma, cuerda, planilla).

38. ¿A qué hora llegas a (la parada, la barra, la guerra) de ómnibus?

39. No le gusta hablar mucho. Siempre está (matriculado, callado, vendado).

40. No debe comer demasiada (proteína, limpieza, grasa).

41. ¿Vienes con tus padres o (en realidad, sola, desgraciadamente)?

42. Tienes que cepillarte (el columpio, el candado, los dientes) tres veces al día.

43. (La abertura, El lado, La altura) de dos líneas que se cortan se llama ángulo.

44. Voy a apagar (el vértice, la luz, la chaqueta).

45. ¿Quieres que te (olvide, permita, abroche) el abrigo?

46. ¡No (ayudes, cepilles, empujes) a los niños!

47. ¡No corras! ¡Te vas a (lastimar, sentar, beneficiar)!

48. Es mejor (colgar, abrochar, prevenir) que curar.

49. (Venda, Salta, Adivina) lo que tengo en esta caja. No lo sabes, ¿verdad?

50. Se (lastimaron, olvidaron, quedaron) de traer los candados.

Prueba de vocabulario, Lección 5   SPANISH FOR COMMUNICATION, Fifth Edition

Complete the following sentences with the appropriate word or phrase. (10 pts.)

1. No están en un hotel; están en una _____.

2. ¿Cuánto _____ piensan estar en Madrid?

3. Tengo frío. Necesito una _____.

4. Hay siete días en una _____.

5. Mi coche está en la zona de _____.

6. Yo no trabajo aquí. Estoy de _____.

7. El precio _____ las comidas.

8. El baño tiene ducha, pero no tiene _____.

9. Ellos van a servir el desayuno, el almuerzo y la _____.

10. El hotel es de ella. Ella es la _____ del hotel.

Examen final, Lecciones 1–10   SPANISH FOR COMMUNICATION, Fifth Edition

Circle the word or phrase that best completes each sentence. (50 pts.)

1. Necesito el (azúcar, pollo, jamón) para el té.

2. Hola, ¿qué hay de (tal, nada, nuevo)?

3. Deseo un sándwich de jamón y (refresco, centavos, queso).

4. ¿Qué clases (practicas, tomas, pagas) este semestre?

5. María (cambia, espera, vuelve) el ómnibus número cuatro.

6. Aquí tienen una lista de (avenidas, puertas, lugares) de interés.

7. Venden revistas en (una esquina, una estampilla, el puesto) de revistas.

8. ¿Deseas beber algo? ¿Un (refresco, cigarrillo, comedor)?

9. No es alta; es (delgada, de estatura mediana, rubia).

10. Esta noche (fumamos, conversamos, damos) una fiesta en nuestra casa.

11. Navidad es (el dos de enero, el cuatro de julio, el veinticinco de diciembre).

12. ¿Tienen una habitación (fría, otra, libre) para dos personas?

13. El baño tiene agua fría y (barata, libre, caliente).

14. ¿El cuarto tiene (jardín, piscina, vista) a la calle?

15. Aceptamos tarjetas de crédito y cheques de (botones, maletas, viajero).

16. El restaurante (cobra, lleva, queda) en la esquina.

17. Necesito (el periódico, el jardín, la llave) para abrir la puerta.

18. El precio incluye el desayuno, el almuerzo y la (bañadera, cosa, cena).

19. ¿El baño tiene (ducha, baile, equipaje)?

20. No es un hotel; es una (semana, paciencea, pensión).

21. Tengo frío. ¿Dónde está (la tienda, la frazada, el pasillo)?

22. Mi coche está en la zona de (estacionamiento, jabón, precio).

23. No es (feo, bueno, simpático); es muy guapo.

24. ¿Tengo que pagar por (cansado, último, adelantado)?

25. Quiero (una salida, un peso, un pasaje) de primera clase a Buenos Aires.

26. Hoy es lunes; (mañana, pasado mañana, hoy mismo) es miércoles.

27. ¿Necesito (confirmar, importar, subir) los asientos?

28. Quiero un pasaje de ida y (salida, regla, vuelta).

29. El avión (importa, hace escala, sube) en Panamá.

30. Quiero jugo de (naranja, leche, mareo).

31. *Ghost* es (una ventanilla, un pie, una película) muy buena.

32. El avión va a (terminar, despegar, pasar) en cinco minutos.

33. Favor de (aterrizar, abrocharse, suponer) el cinturón de seguridad.

34. La grabadora está en la (altura, mesita, pastilla).

35. Quiero chuleta de (bacalao, cordero, caldo).

36. No como postre. Debo cuidar la (salsa, línea, langosta).

37. Le dejé una (albóndiga, cebolla, propina) al mozo.

38. Me voy a (cepillar, apretar, duchar) el pelo.

39. Ella se va a poner (los zapatos, las botas, el camisón) para dormir.

40. Voy a comprar un (probador, espejo, conjunto) de pantalón y chaqueta.

41. ¿Qué (talla, caldo, bistec) usa Ud.?

42. Se está (quedando, duchando, mirando) en el espejo.

43. ¿Van a ir caminando? Sí, vamos a ir (por si acaso, a pie, de vestir).

44. Voy a comprarle un par de zapatos. ¿Qué número (mira, calza, queda) Ud.?

45. Voy a (alquilar, emplear, planchar) mi vestido rojo.

46. Mi fruta preferida es la (lechuga, sandía, cebolla).

47. Quiero comer tocino con (fresas, huevos, lejía).

48. Quiero (un vaso, una sandía, un ají) de jugo de uvas.

49. Bugs Bunny siempre come (manzanas, papas, zanahorias).

50. El cielo está (ocupado, nublado, preparado).

Examen final, Lecciones 11–20   SPANISH FOR COMMUNICATION, Fifth Edition

Circle the word or phrase that best completes each sentence. (50 pts.)

1. Necesito sobres y (pañuelos, papel, peine) de carta.

2. Voy a comprar (pantimedias, una falda, un traje) en el departamento de caballeros.

3. Necesito (el jarabe, la funda, el disco) para la tos.

4. Necesito el bronceador y los (anteojos, calcetines, calzoncillos) de sol.

5. La escalera mecánica no funciona; vamos a tomar (el ascensor, la navajita, el disco).

6. ¡Ya son las cinco! Tienes que (exagerar, revelar, darte prisa).

7. Tiene una cicatriz (en el cuero, en la frente, en la acera).

8. No paró en la señal de parada. El policía de tránsito (le dio una multa, arrimó el carro a la acera, robó el coche).

9. ¡Policía! ¡Socorro! ¡Ese hombre me (robó, describió, denunció) la cartera!

10. El ladrón mide seis pies y dos (barbas, pulgadas, gatos).

11. No es norteamericana; es (joven, pelirroja, extranjera).

12. El tenis es mi (maletero, gato, deporte) favorito.

13. Queremos ir a ver (un pavimento, un partido, una placa) de fútbol.

14. La (grúa, marca, goma) va a remolcar el automóvil.

15. Tengo que limpiarlo porque está muy (descompuesto, listo, sucio).

16. ¿Hubo un accidente? ¿Qué (levantó, sangró, sucedió)?

17. El coche va a estar listo el lunes si tienen (aceite, testigos, piezas) de repuesto.

18. Necesito gasolina. Voy a ir (a la estación de servicio, al parque, al aeropuerto).

19. El tren sale del (despacho de boletos, andén número dos, taller de mecánica).

20. ¿Tienes (ceradura, descuento, litera) o vas a dormir en al asiento?

21. Le di cien dólares y me dio veinte dólares de (tarifa, vuelto, planilla).

22. El tren tiene dos horas de (descuento, atraso, tarifa).

23. Tengo una beca y mantengo un (requisito, examen, promedio) de A.

24. No tenemos cama. Vamos a tener que dormir (en casa, en el teatro, en el suelo).

25. La carretera que va a la montaña es (pelirroja, descompuesta, peligrosa).

26. No vamos a hacer nada este fin de semana. Vamos a (ir de caza, ir de pesca, quedarnos en casa).

27. ¿Tienes la (broma, caña, mochila) de pescar?

28. Puedes sentarte en esta (comida, lámpara, butaca).

29. Tengo una (deuda, cuenta, cocina) corriente en el Banco de América.

30. No puedo asistir a la universidad porque no tengo dinero para (la matrícula, un juego de cuarto, una mesa de noche).

31. ¿Tienes el (tocadiscos, piso, talonario) de cheques?

32. No es mi hermana; es mi (bata, balanza, prima).

33. Póngase esta (bata, sala, tarjeta).

34. Me van a hacer una radiografía para ver si me (golpeé, lastimé, rompí) la pierna.

35. La herida no es muy grande, pero van a tener que (escribirle, mandarle, darle) puntos.

36. Se rompió la pierna. Se la van a (fracturar, quitar, enyesar).

37. La (nariz, boca, rodilla) no es parte de la cabeza.

38. Voy a barrer la cocina. ¿Dónde está la (aceituna, escoba, jalea)?

39. Voy a comprar el (horno, apio, pavo) en la carnicería.

40. ¿Tienes (un pepino, una plancha, una jarra) para el agua?

41. ¿Puedes (fregar, hervir, enchufar) la plancha, por favor?

42. ¿Quieres huevos (revueltos, encendidos, congelados)?

43. No quiero (espinaca, carne, maní) porque no me gustan las verduras.

44. No está mojado; está (seco, frito, encendido).

45. Tome una (cucharada, balanza, dieta) de este líquido.

46. Si quieres perder peso tienes que hacer (grasa, ejercicios, proteínas).

47. Para poder estudiar, necesito conseguir un (trimestre, préstamo, pedazo).

48. Todos los días voy a levantar (carbohidratos, pesas, tortas) para ser un hombre atlético.

49. Ya he probado todas las (calorías, solicitudes, dietas) pero no pierdo peso.

50. Mi especialización es (carrera, matrícula, química).

TRANSPARENCY MASTERS

Getting Along in Spanish, Fourth Edition

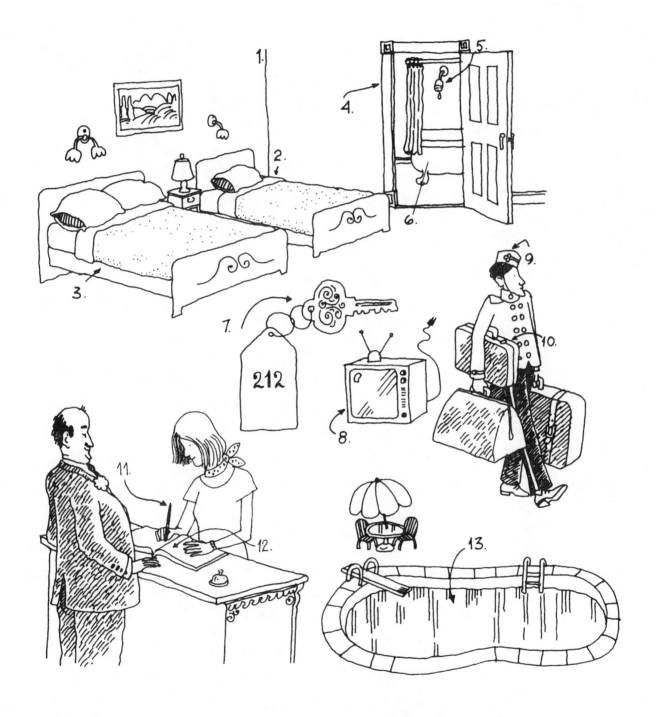

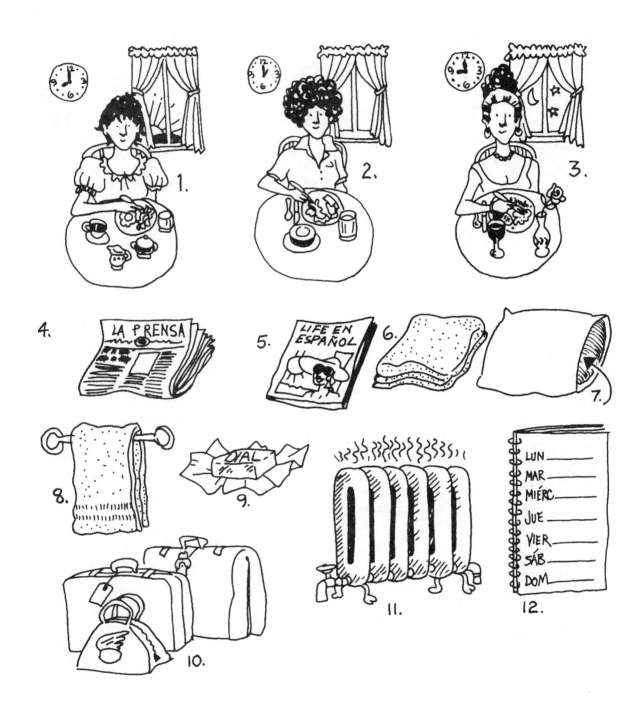

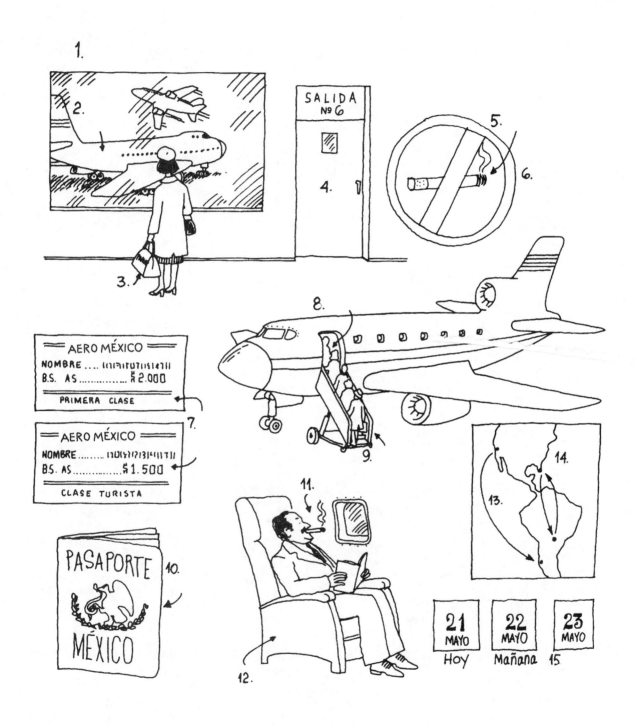

Getting Along in Spanish, Fourth Edition

Lección 8

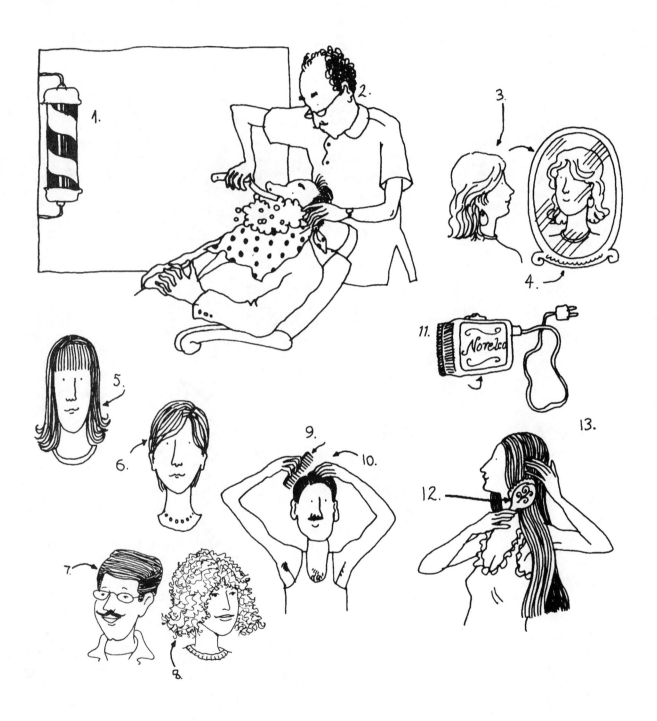

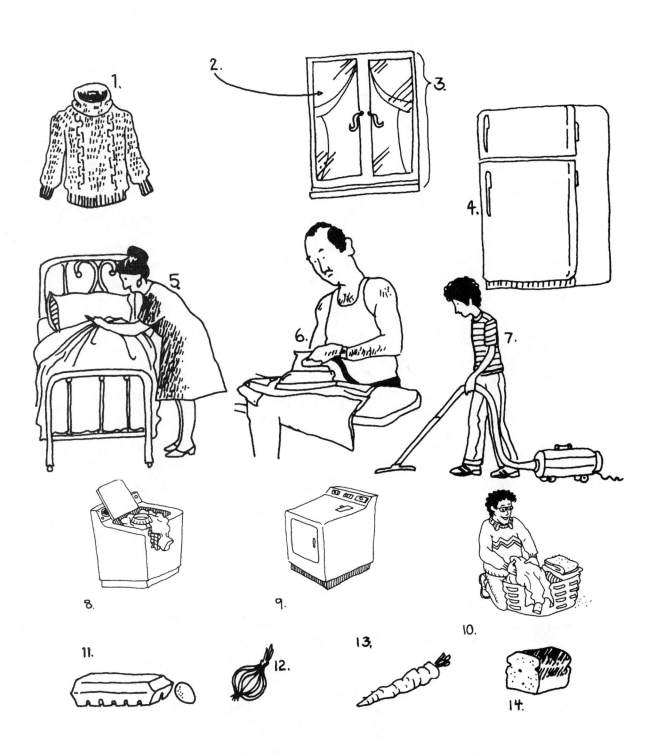

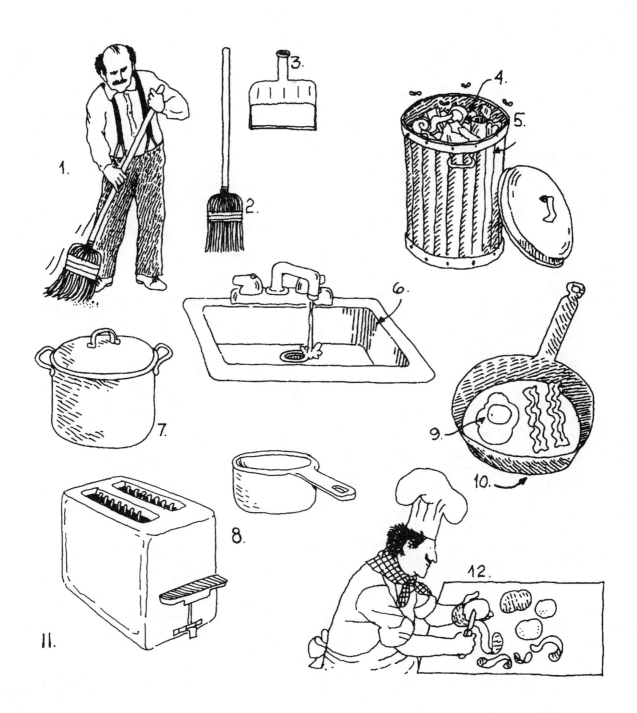

ARTÍCULOS PARA SEÑORAS

ARTÍCULOS PARA CABALLEROS

Getting Along in Spanish, Fourth Edition

Lección 15

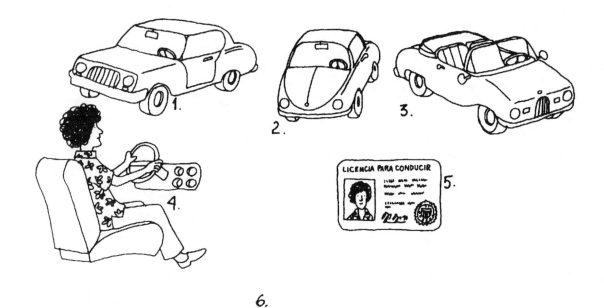

1.

2.

3.

5.

4.

6.

PUENTE ANGOSTO

CEDA EL PASO

COMIENZA LA AUTOPISTA

ALTO

UNA VÍA

F C

CURVA PELIGROSA

NO TIRE BASURA

DESVÍO

PELIGRO

PROHIBIDO ESTACIONAR

PASO DE PEATONES

Getting Along in Spanish, Fourth Edition

Lección 17

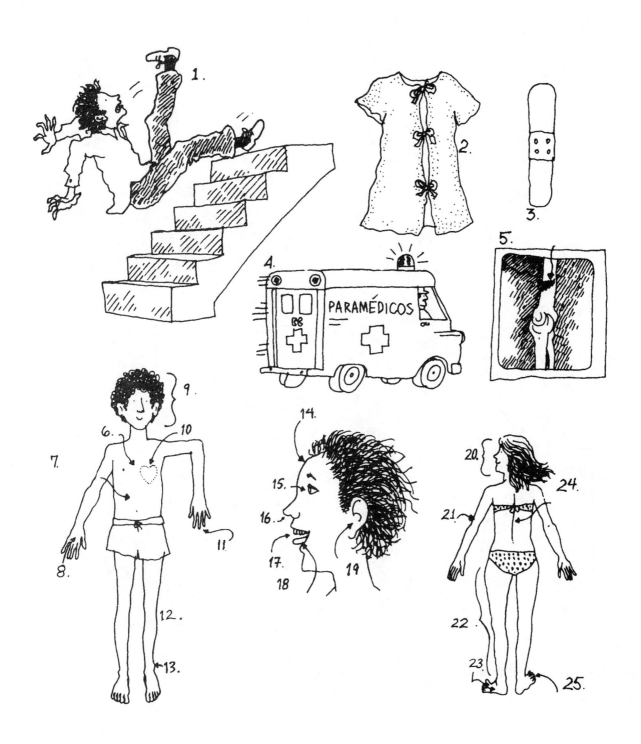

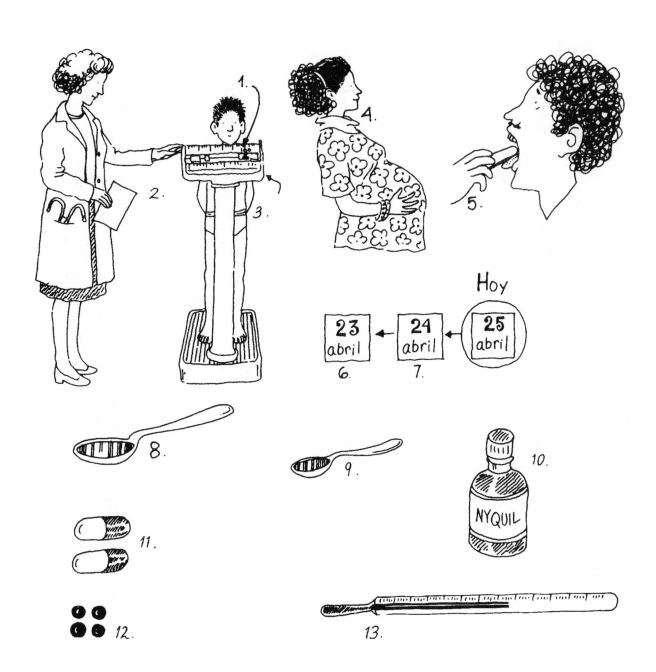

TRANSPARENCY MASTERS

Spanish for Medical Personnel, Fifth Edition

El cuerpo humano

Vista anterior
La mujer

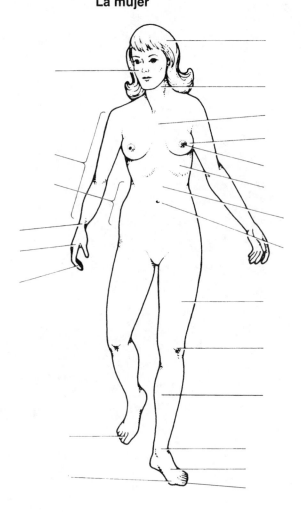

El cuerpo humano

Vista posterior
El hombre

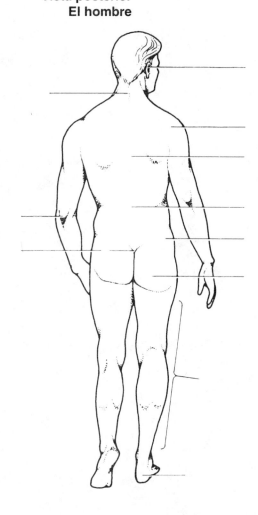

Los órganos internos

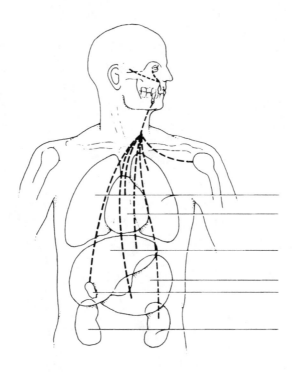

El aparato digestivo

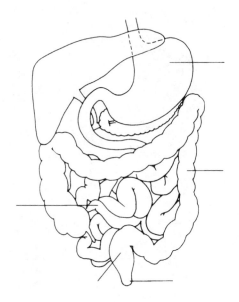

Los órganos reproductivos

La mujer

El hombre

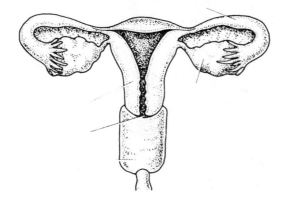
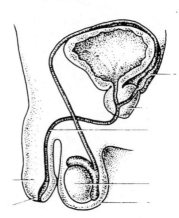

La cabeza

Vista anterior

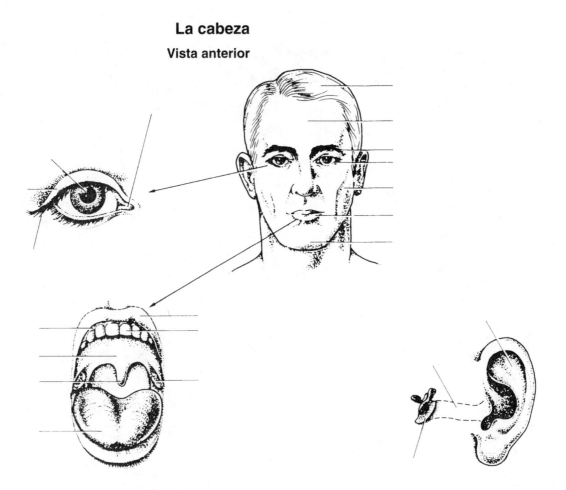

La cabeza

Vista de perfil

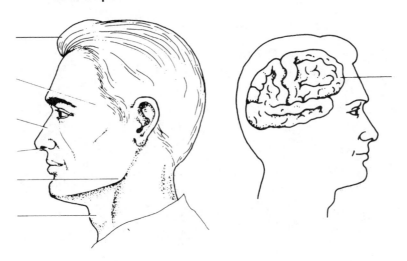

Spanish for Medical Personnel, Fifth Edition

El esqueleto
Los huesos

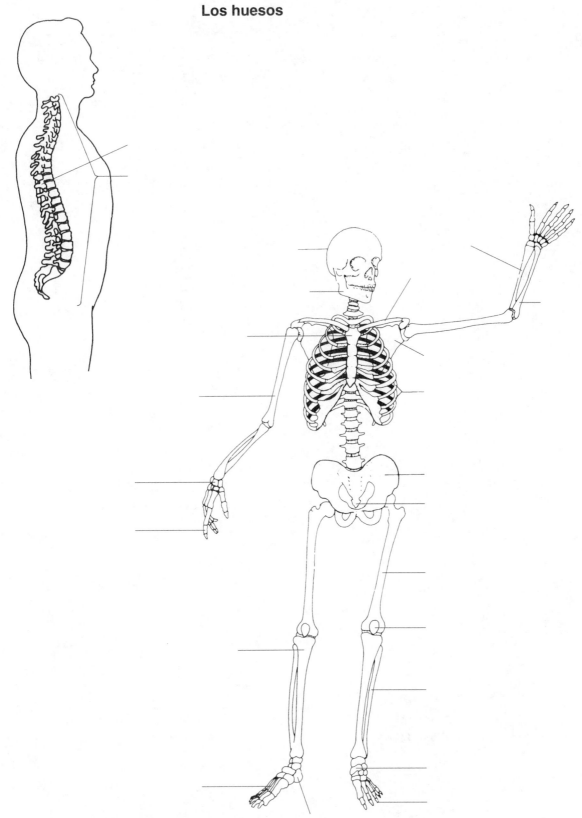

El diente

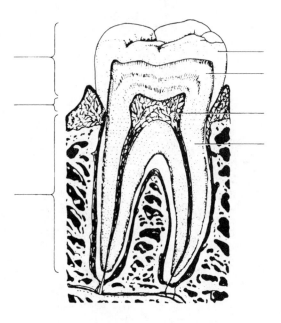

Answer Key

Basic Spanish Grammar

Prueba, Lección 1

A. *Answers will vary.*

B. 1. hablamos / hablan   2. trabajo / trabajas   3. desea   4. necesita / necesitan   5. estudian / estudia   6. tomamos

C. 1. quinientos sesenta y ocho   2. setecientos quince   3. novecientos diecinueve   4. mil   5. cinco mil trescientos

D. 1. ¿Toma Ud. vino, señorita Salcedo? (¿Ud. toma vino, señorita Salcedo? / ¿Toma vino Ud., señorita Salcedo?)   2. Él estudia a las cinco de la tarde.

E. 1. cuenta   2. restaurante   3. servilletas   4. hora   5. francés   6. refresco

Prueba, Lección 2

A. *Answers will vary.*

B. 1. bebo / bebe   2. vive   3. comemos / comes   4. deciden   5. aprenden   6. escribimos / leemos   7. abre

C. son / somos / es / eres / soy

D. 1. el / las _____ blancas   2. las / el _____ frito   3. la / los _____ franceses

E. 1. camarero (mesero)   2. chica   3. beber   4. alemana   5. Cuántos   6. solamente (sólo)   7. Dónde   8. temprano   9. malo   10. guapo   11. tinto

Prueba, Lección 3

A. *Answers will vary.*

B. 1. es / Es   2. están   3. soy   4. es   5. es / es   6. estamos   7. estás   8. son

C. 1. La madre de nuestro profesor (nuestra profesora) está en Colombia.   2. ¿(Tú) visitas a tus abuelos los sábados, Rosita?   3. (Yo) no voy a la fiesta que da Carlos (Carlos da).

D. 1. j   2. h   3. e   4. a   5. i   6. c   7. g   8. b   9. f   10. d

Prueba, Lección 4

A. *Answers will vary.*

B. *Answers may vary.*   1. más pequeño que / el más grande de   2. más caro que   3. más barato que

C. 1. tiene   2. viene / tiene   3. venimos / tenemos   4. tienen

D. 1. Tengo que llevar al esposo de la Sra. Vega a la biblioteca.   2. Mi coche (carro, automóvil) no es tan caro como su coche (el coche de ella), pero es mejor.

E. 1. mayor   2. pensión   3. llave   4. llega   5. cuarto   6. sola   7. menos

Prueba, Lección 5

A. *Answers will vary.*

B. 1. quiere / queremos   2. entiendes (comprendes)   3. pierde   4. comienzan (empiezan)   5. cierran   6. empieza (comienza)   7. entendemos (comprendemos)

C. 1. —¿Tienes hambre, Anita? / —No, pero tengo mucha sed.
   2. —¿Cuantos años tienes, Paquito? / —Tengo once años.
   3. —Quiero hablar con Ud., Sr. Rojas. / —Lo siento. Tengo prisa.
   4. —¿Va a desayunar, Srta. Soto? / —Sí, a las siete y media.
   5. —¿Uds. tienen clases los sábados? / —No, los sábados vamos a la iglesia.

D. 1. almuerzo   2. tercer   3. semana   4. toalla   5. esta   6. dueña

Prueba, Lección 6

A. *Answers will vary.*

B. 1. volvemos / vuelven   2. cuestan   3. almuerzas   4. vuela   5. duermo   6. recuerdan   7. puede

C. 1. Ella no necesita nada tampoco.   2. Yo nunca viajo con nadie.   3. Yo no tengo ningún amigo español.

D. 1. está durmiendo / estamos leyendo   2. está sirviendo   3. estoy diciendo / estás estudiando

E. 1. c   2. e   3. g   4. a   5. h   6. d   7. i   8. j   9. b   10. f

Prueba, Lección 7

A. *Answers will vary.*

B. 1. sirven   2. consigues   3. pedimos   4. siguen   5. digo   6. repite

C. Los lunes, yo salgo a las cinco. Conduzco mi auto y traigo a mis amigos a la universidad. Los sábados, veo a mis padres y los domingos, no hago nada.

D. 1. —¿Uds. conocen a Teresa? / —Sí, pero no sabemos dónde vive.   2. —¿Adónde llevas a Raquel los sábados, Carlos? / —La llevo al cine.   3. —¿Traduce Ud. las lecciones, Srta. Peña? / —No, no las traduzco.   4. —¿Puede Ud. comprar los pasajes (billetes), Sr. Silva? / —¿Puede Ud. comprar los pasajes (billetes), Sr. Silva? / —Sí, pero no puedo comprarlos (no los puedo comprar) hoy.

E. 1. viajes   2. queda / embajada   3. ocupada   4. memoria   5. cartas

Prueba, Lección 8

A. *Answers will vary.*

B. 1. este / estas   2. esa / esos   3. aquel / aquellas   4. esta / ese

C. 1. —Necesito la mochila.   ¿Puedes traérmela (Me la puedes traer) mañana, Anita? / —Puedo traérsela (Se la puedo traer) esta tarde, Srta. Peña.   2. —Voy a preguntarle (Le voy a preguntar) a mi tía si puede prestarme (me puede prestar) sus esquíes. / —(Ella) no puede prestártelos (no te los puede prestar), Rosita.   3. —¿Qué vas a regalarnos (nos vas a regalar), tío Tito? / —Voy a regalarles (Les voy a regalar) dos entradas.

D. 1. c   2. g   3. f   4. e   5. b   6. i   7. a   8. d   9. h   10. j

Prueba, Lección 9

A. *Answers will vary.*

B. 1. Venga mañana y traiga el espejo.   2. Vayan al hotel y denle el dinero al Sr. Rojas.   3. Hable con el profesor, pero no le hable en inglés.   4. Pídanle dinero al Sr. Torales.

C. 1. (Yo) me despierto a las seis. ¿A qué hora se levanta Ud., señorita?   2. Sus hijos se acuestan a las ocho. Los míos se acuestan a las diez, Sr. Vega.   3. Pruébese el vestido, señora.

D. 1. cabeza   2. botiquín   3. máquina   4. tintorería   5. tarjeta   6. acuerdas 7. llama   8. izquierda   9. mismo   10. derecho

Prueba, Lección 10

A. *Answers will vary.*

B. 1. Yo cerré la puerta y abrí las ventanas.   2. ¿Tú volviste a las cinco?   3. Nosotros comimos sándwiches y ellos comieron ensalada.   4. Yo fui al cine. ¿Adónde fueron Uds.?   5. Jorge Vega fue mi estudiante.   6. Yo le di diez dólares y Roberto le dio veinte dólares.

C. 1. Nosotros entramos por la ventana para hablar con Sergio.   2. Salgo para Caracas mañana. Voy a estar allí por dos años.   3. No hace buen tiempo; está lloviendo.

D. 1. e   2. g   3. j   4. i   5. d   6. a   7. f   8. b   9. h   10. c

Prueba, Lección 11

A. *Answers will vary.*

B. 1. Ellos trajeron los libros y los pusieron en la mesa.   2. Ella no vino porque no quiso.   3. Tuvimos que trabajar.   4. ¿Qué hizo él? ¿Condujo el coche?   5. ¿Tú pudiste estudiar?

C. 1. Ve a la universidad y lleva los libros.   2. Ven hoy, pero no vengas por la mañana.   3. Levántate a las seis.   4. Haznos un favor.   5. Abre las puertas pero no abras las ventanas.

D. 1. éramos / vivíamos / íbamos   2. hablaban   3. aprendías

E. Hace seis años que enseñamos aquí.

F. 1. trabajos   2. cuando   3. casi   4. compras   5. apagar   6. época   7. media

Prueba, Lección 12

A. *Answers will vary.*

B. 1. Eran / llegué   2. era / vivía / hablaban   3. dijo / estaba   4. conocía / conocí   5. quería / supo / decidió

C. 1. Ayer yo les dije que quería quedarme en casa.   2. Cuando (nosotros) llegamos al aeropuerto, mi cuñado estaba hablando con Gustavo.

D. 1. f   2. h   3. j   4. c   5. g   6. a   7. d   8. i   9. b   10. e

Prueba, Lección 13

A. *Answers will vary.*

B. 1. pidieron   2. sirvió   3. prefirió   4. mintió   5. consiguieron   6. Murió   7. Durmió   8. se divirtieron

C. 1. Acaban de decirme (Me acaban de decir) que mis amigos (amigas) están aquí.   2. Me gusta más este collar.   3. ¿Te duele la cabeza, Anita?   4. ¿Cuál es su dirección, Srta. Montoya?

D. 1. falta   2. chaqueta   3. oro   4. escalera / funciona   5. suerte   6. persona   7. despedirme   8. corbata   9. elegir

Prueba, Lección 14

A. *Answers will vary.*

B. 1. han vuelto   2. Ha estado   3. hemos abierto   4. has escrito   5. he cubierto

C. 1. había revisado   2. habíamos hecho   3. habían ido   4. había dicho   5. habías visto

D. 1. La gasolinera (estación de servicio) no está cerrada, está abierta.   2. Llegué hace dos horas (Hace dos horas que llegué), pero no he hablado con ella todavía.

E. 1. listo / piezas   2. Automovilístico / grúa   3. pinchada   4. vacío / gasolina   5. seguida   6. tiempo / marca

Prueba, Lección 15

A. *Answers will vary.*

B. 1. Ellas saldrán temprano.   2. Yo alquilaré el coche mañana.   3. ¿Tú tendrás que arreglar el motor?   4. Nosotros se lo diremos.   5. El cajero no podrá venir.

C. 1. pondrían   2. haría   3. sabría   4. hablarías   5. vendríamos

D. 1. Mañana iré al banco para cambiar un cheque.   2. Empezará (Comenzará) a revisar (chequear) el coche (carro, automóvil) a las tres de la tarde.   3. Ellos no harían eso.

E. 1. depositar   2. automático / mecánicos   3. perro   4. peligrosas   5. revisar   6. cobró (cobra)   7. falta / alquiler   8. tren

Prueba, Lección 16

A. *Answers will vary.*

B. 1. tome   2. ir   3. vaya   4. traigas   5. estudiar   6. diga   7. hacer   8. den   9. vengas   10. sepan

C. 1. (Yo) quiero que te laves la cabeza, Paquito.   2. (Yo) le (te) aconsejo que reserve (reserves) los asientos hoy.   3. Ella me dijo que las clases eran dificilísimas (sumamente difíciles).

D. 1. fin   2. descuento   3. rápido   4. estación / boleto   5. cuanto   6. asiento

Prueba, Lección 17

A. *Answers will vary.*

B. 1. estar   2. puedan   3. venga   4. poder   5. sean   6. vuelva   7. tengan   8. llueva   9. trabajar   10. digas

C. 1. Ella escribió la carta lenta y cuidadosamente.   2. Es (una) lástima que Ud. no pueda matricularse hoy, Srta. Soto.   3. Es difícil que nosotros(as) podamos ver al abogado esta tarde.

D. 1. parcial   2. nota   3. beca   4. ojalá   5. literatura   6. calculadora   7. requisito   8. química   9. firmar   10. consejero(a)

Prueba, Lección 18

A. *Answers will vary.*

B. 1. pueda   2. vayan   3. es   4. está   5. sea   6. tenga   7. habla   8. sirva   9. estudian   10. quede

C. 1. (Yo) necesito una secretaria que hable inglés.   2. No hay nadie que lo conozca.   3. El niñito fue a visitar a su abuelito.

D. 1. fracturó (rompió) / enyesar   2. sala / radiografía   3. inyección   4. momento   5. ambulancia

Prueba, Lección 19

A. *Answers will vary.*

B. 1. hayan vuelto   2. haya dicho   3. haya podido   4. haya visto   5. hayas hecho

C. 1. Ella nos llamará tan pronto (en cuanto) llegue a casa.   2. Cuando yo la vea, le voy a decir que haga su trabajo.

D. 1. oculista   2. cirugía   3. chocó   4. menos   5. termómetro   6. caso   7. sobrevivió   8. dieta   9. ejercicio   10. resultado

Prueba, Lección 20

A. *Answers will vary.*

B. 1. fueras   2. trabajáramos   3. supiera   4. estuviera   5. dijeran   6. vinieras   7. volvieran   8. trajéramos   9. tomaran   10. prepararas   11. preocupáramos   12. tuvieran   13. hiciera   14. pusieras   15. recogiera

C. 1. Yo voy a comprarlo si consigo el dinero.   2. Si tuviéramos tiempo, iríamos al correo.

D. 1. préstamo   2. correo   3. talonario   4. diligencias   5. billetera   6. fotocopias   7. consulado   8. asiste   9. devolver   10. recoger

Examen parcial, Lecciones 1–5

A. 1. toman   2. doy   3. cerramos / abrimos   4. beben   5. quiere / queremos   6. van   7. estudias   8. vengo / vienen   9. vivimos / comemos   10. tengo / tiene

B. 1. al / a la   2. del   3. de los   4. al

C. 1. rojas   2. españolas   3. feliz   4. negro   5. blanca

D. 1. es / está   2. son / están   3. somos   4. está   5. es   6. es   7. soy   8. es

E. 1. más alta que   2. tan cansado(a) como   3. el más inteligente de   4. el (la) mayor   5. menos café que   6. tantos libros como

F. 1. Son las tres y media.   2. Es la una y cuarto (y quince).   3. Son las ocho y diez.

G. 1. _____   2. a / a   3. _____ / a

H. 1. Mis libros y tu lápiz están aquí, Ana.   2. No tengo calor, pero tengo mucha sed.   3. Tengo que ir al tercer piso.   4. Ella va a trabajar hoy.   5. Yo soy menor que tú. Tengo veinte años.   6. El esposo de María es alto y guapo.   7. La educación es muy importante.

Examen parcial (Para hacerlo en casa), Lecciones 1–5

1. ¿Cuántos clases hay por la mañana? Hay tres clases.
2. Ellos necesitan quinientos dólares.
3. La Srta. Vera es nuestra profesora de español. Ella es de México.
4. Visitamos a las chicas (muchachas) alemanas los domingos.
5. ¿Adónde van sus amigos, Sr. Soto? ¿Al cine?
6. ¿Tú tienes la dirección y el número de teléfono de María, Anita?
7. ¿Ellos tienen el coche de él o el coche de ella?
8. Ella no da su nombre y su dirección.
9. Roberto es profesor. (Él) es muy inteligente.
10. ¿Dónde está el hijo del Sr. Vera? ¿Está en la biblioteca?
11. Nuestro amigo Ricardo es de Caracas, pero ahora está en Lima.
12. Nosotros(as) venimos del mercado. ¿De dónde vienen Uds., señoras?
13. El hijo del Sr. García tiene veinte años.
14. Ella es mayor que yo, pero yo soy más que alto(a) ella.
15. Tu casa es tan grande como la casa de Roberto, Paquito.
16. Nosotros(as) no tenemos hambre, pero tenemos mucha sed.
17. Ellos(as) van a la biblioteca a las cuatro menos cuarto (quince) de la tarde.
18. Nosotros(as) no tenemos tantas llaves como tú (Ud.).
19. Yo no quiero ir al cine. Prefiero ir a un concierto.
20. Nosotros(as) vamos a vivir en el primer piso.

Examen final, Lecciones 1–10

A. 1. trabajan   2. reciben   3. somos   4. voy   5. da   6. estoy   7. tengo   8. quiere   9. volvemos   10. puedo   11. traigo / pongo   12. piden   13. digo   14. hago

B. 1. Yo hablé con ella.   2. ¿Qué comiste?   3. Él no fue.   4. Fue mi profesor.   5. No se lo di. 6. ¿Adónde fueron?   7. Ellos no le escribieron.   8. ¿No volviste?   9. No cerraron la puerta.   10. No fui yo.

C. 1. Tengo que llamar a mi entrenador(a)   2. mayor que / más alto(a)   3. la amiga de Juan   4. no tengo hambre / tengo mucha sed   5. están sirviendo   6. tienen que ir conmigo   7. la semana que viene (la próxima semana)   8. la conozco / no sé   9. nos va a llamar   10. escribírsela   11. pedirle 12. Traiga los suyos   13. Déselo (Dáselo) a ella   14. Hace mucho frío   15. no llueve (no está lloviendo)   16. para mí / para ti / mí   17. La tuya   18. este / ésos

D. 1. Nunca hago nada.   2. No veo a nadie.

E. 1. Sí, te lo doy.   2. Sí, me la compraron ayer.   3. Sí, se los vamos a mandar (vamos a mandárselos).

F. 1. para / por   2. por / para   3. para   4. por

G. 1. Sí, tráigalos.   2. No, no las escriban.   3. No, no se la dé.   4. Sí, mándenlo.   5. Sí, vayan con Carlos.

H. 1. acuesto / me acuesto   2. se quita   3. nos sentamos   4. se acuerdan   5. te duermes / duermes

Examen parcial, Lecciones 11–15

A. 1. era / vivía / iba   2. fuimos / quería / pude   3. conocía / conocí   4. sabías / teníamos / supe 5. durmió   6. tuvieron   7. dijeron / venían

B. 1. No, ve con Carlos.   2. Ven a las siete.   3. Haz los trabajos de la casa.   4. No, no escribas las cartas. (No, no las escribas.)   5. No, no pongas el traje de baño (No, no lo pongas) en la maleta. 6. Vuelve a las diez.

C. 1. Ellos han abierto la puerta.   2. Él había escrito las cartas en español.   3. Yo he puesto el dinero en el banco.   4. ¿Has visto a Carlos hoy?   5. Lo habíamos comprado en una liquidación.

D. 1. abierta / cerradas   2. muerto   3. rota   4. dormidos

E. 1. A Elsa le gusta el traje de baño.   2. A Mario le duelen las manos.   3. A nosotros nos hace falta dinero.   4. Me duele la cabeza.   5. Te gustan esos aretes.   6. A ellos les hacen falta dos trajes.   7. (A Ud.) le gusta estudiar y trabajar.

F. 1. Ellos vendrán mañana.   2. Yo saldría temprano.   3. ¿Tú harás el postre hoy?   4. Nosotros pondríamos el dinero en el banco.   5. Él me lo dirá.   6. María y Elena podrían hacerlo.   7. Tú no irías con él.   8. Yo no trabajaré el sábado.

G. 1. en / de   2. en / a / a   3. de / de   4. a

H. 1. Hace dos años que estudio.   2. El (La) empleado (a) no está en la gasolinera (estación de servicio) ahora.   3. Ellos sirvieron arroz con pollo anoche.   4. Ella dormía cuando nosotros(as) la llamamos. [Ella estaba durmiendo cuando nosotros(as) la llamamos]   5. Ella acaba de llegar a la joyería.   6. ¿Cuál es tu números de teléfono, María?   7. Hace dos años que compré mi motocicleta.

Examen parcial (Para hacerlo en casa), Lecciones 11–15

1. ¿Cuánto tiempo hace que Ud. conoce a mi profesor(a), Sr. Vega?
2. Ayer tuve que manejar (conducir) por tres horas.
3. Ellos(as) compraron la máquina de escribir y la pusieron en la mesa.
4. ¿Qué hiciste ayer, Anita? ¿Por qué no viniste a (la) clase?
5. Cuando yo era niño(a) iba de vacaciones todos los veranos.
6. Nosotros(as) estábamos escribiendo (escribíamos) a máquina cuando mi cuñada llegó.
7. Anoche sólo (solamente) dormí cuatro horas.
8. ¿No sabía(s) que no queríamos venir? Pero vinimos.
9. ¿A qué hora llegaron ellos al aeropuerto?
10. Acabo de comprar este anillo, pero me gusta más el otro.
11. ¿Cuánto tiempo hace que David y tú compraron la secadora?
12. La zapatería estaba abierta, pero la joyería estaba cerrada.
13. ¿Qué ha (has) hecho? ¿Qué le ha (has) dicho?
14. Ellos(as) les habían escrito cartas.
15. Nosotros no compraremos los aretes a ese precio.
16. Tendré que empezar (comenzar) a arreglar el coche (carro, automóvil) hoy.
17. Marta, hazme un favor. Llama a María y dile que necesito verla hoy.
18. ¿Ella dijo que saldría con él?
19. Yo no le enseñaría a manejar (conducir).
20. A ella le hacen falta dos aspirinas porque le duele la cabeza.

Examen parcial, Lecciones 11–20

A. 1. estuvimos   2. iba / vi   3. éramos / vivíamos   4. conocía / conoció   5. sabía / era / supe   6. Eran / llegó   7. dijo / querías   8. empecé

B. (*Each blank counts for one point, unless otherwise noted.*) 1. vaya / tengo   2. hayan vuelto (2 pts.) 3. vinieras   4. fuera / hablaría   5. vea   6. tiene / quiera   7. pudieran   8. sea   9. sepa 10. trabajara   11. Ven / Dime / Espérame   12. hazme (2 pts.) / No te vayas (3 pts.)   13. lenta y claramente (2 pts.)   14. esté   15. Es difícil / pongan   16. bellísima   17. a buscar / a manejar (a conducir)   18. Hace dos horas (2 pts.)   19. había hecho (2 pts.)   20. pondría   21. hayan pagado (2 pts.)   22. acabo de llegar (2 pts.) / Cuál   23. No me gustan (3 pts)   24. estaban haciendo (2 pts.)   25. vendrá / iré

C. *Answers will vary.*

D. 1. l   2. f   3. q   4. a   5. i   6. t   7. c   8. m   9. r   10. b   11. p   12. s   13. n   14. d   15. k 16. g   17. e   18. h   19. o   20 j

Getting Along in Spanish

Prueba de vocabulario, Lección 4

1. doble   2. botones   3. acondicionado   4. firmar   5. bañadera   6. mediodía   7. servirle
8. cobran   9. mejores / caro

Examen final, Lecciones 1–10

1. un bistec   2. azúcar   3. agua mineral   4. un cheque de viajero   5. fruta   6. una cuchara
7. hermano   8. rubia   9. champán   10. bailamos   11. mañana   12. chica   13. baño
14. desocupar   15. bañadera   16. caro   17. maletas   18. cena   19. vinagre   20. el aire
acondicionado   21. una toalla   22. fumar   23. reservar   24. vuelta   25. subir   26. comprobantes
27. exterior   28. cambian   29. lista   30. excursión   31. incómodos   32. peinado   33. la
cabeza   34. usar   35. lacio   36. doblarla   37. escalar   38. una máquina de afeitar   39. el
peine   40. un lago   41. alquilar   42. a la tintorería   43. el vestido   44. tomate   45. mantequilla
46. queso   47. cocidas   48. propina   49. salmón   50. cortinas

Examen final, Lecciones 11–20

1. escoba   2. la sartén   3. pelar   4. Saca   5. el armario   6. pasados por agua   7. la falda   8. la
chaqueta   9. traje   10. ganga   11. grande   12. calcetines   13. El traje   14. camisón   15. el
ascenso   16. hacen juego   17. un remolcador   18. vacío   19. marca   20. piezas   21. revisar
22. manejar   23. ahorros   24. de cambios mecánicos   25. en efectivo   26. cola   27. andén
28. aterriza   29. seguir derecho   30. cibernética   31. contabilidad   32. materia   33. espero   34. Es
difícil   35. pasado   36. la matrícula   37. el estómago   38. la cabeza   39. una curita   40. esta
bata   41. muletas   42. se golpeó   43. la lengua   44. sábado   45. hondo   46. en cuanto
47. estampilla   48. corriente   49. un giro postal   50. devolverles

Spanish for Business and Finance

Prueba de vocabulario, Lección 9

1. cargamento / tarifas   2. transportamos / trámites   3. lana / algodón   4. vidrio   5. embalaje
6. trasbordo / roturas

Examen final, Lecciones 1–10

1. pasillo   2. anuncian   3. aduana   4. cobija   5. solamente   6. equipaje   7. personal   8. queda
9. izquierda   10. cambio   11. acondicionado   12. datos   13. Al poco rato   14. trasladar   15. tarjeta
16. fresco   17. mesero   18. copa   19. demora   20. almuerzo   21. ventas   22. comprar
23. intercomunicador   24. exhibición   25. sed   26. precios   27. atender   28. bancario   29. preparar
30. encontrar   31. peso   32. giro   33. envío   34. folletos   35. saber   36. parte   37. viaje   38. cruzar
39. llenos   40. transferencia   41. aumenta   42. tarifas   43. responsabilizamos   44. cúbico   45. trámites
46. archivar   47. beneficios   48. descontamos   49. año   50. leer

Examen final, Lecciones 11–20

1. empresa   2. ganancias   3. evaluar   4. costosos   5. decisión   6. conecta   7. reloj   8. equipos
9. registra   10. computación   11. socias   12. murió   13. acredita   14. cabeza   15. plazo   16. todavía
17. apariencia   18. obra   19. tela   20. anuncios   21. saldo   22. mudaron   23. quebró   24. hijos
25. caja   26. beca   27. tasador   28. califica   29. legal   30. variable   31. cerámica   32. tejas
33. termitas   34. contribuciones   35. hornos   36. pagos   37. adaptar   38. contrato   39. alquilado
40. juguetes   41. prima   42. terremotos   43. riesgo   44. semáforo   45. borracho   46. testamento
47. abintestato   48. inundaciones   49. manchadas   50. pintado

Spanish for Law Enforcement

Prueba de vocabulario, Lección 5

1. recoger   2. bomberos   3. cortar   4. humo   5. contesta   6. encendidas (prendidas)   7. vacaciones   8. barrio   9. riego   10. suspender

Examen final, Lecciones 1–10

1. telefonista   2. denunciar   3. un carro patrullero   4. deletrear   5. queda   6. doblar   7. casco de seguridad   8. regresan   9. pequeños   10. cuadra   11. hora   12. menor de edad   13. El jardinero   14. una pandilla   15. disparo   16. prender   17. gorra   18. de estatura mediana   19. el marido   20. llamada   21. de vacaciones   22. de vuelta   23. barrio   24. un incendio   25. contestar   26. recoger   27. la advertencia   28. callado   29. un abogado   30. da   31. parpadear   32. mide   33. una licorería   34. fumo   35. la zona de estacionamiento   36. pelirroja   37. padrastro   38. me hace caso   39. matar   40. preguntar   41. encerrada   42. apague   43. cuatro   44. los ojos   45. del suelo   46. estatal   47. robaron   48. dinero   49. huellas digitales   50. acuerdo

Examen final, Lecciones 11–20

1. matricular   2. soborno   3. hace falta   4. contigo   5. una ganga   6. testigo   7. estafó   8. se quedó sin trabajo   9. un camión   10. incendios   11. murieron   12. se siente   13. me lastimé   14. temblando   15. mareado   16. la autopista   17. cuidado   18. la luz   19. sólo   20. tuvo la culpa   21. poniendo en peligro   22. los pagos   23. vecindario   24. chapa   25. plata   26. entregar   27. llave   28. encuentro   29. estacionado   30. Cuándo   31. cadena   32. mostrador   33. pertenencias   34. retratar   35. esposado   36. las huellas   37. de acuerdo   38. fianza   39. sortija   40. edad   41. la cara   42. se había escapado   43. mayor   44. bigote   45. anteojos   46. ayudar   47. calvo   48. olor   49. desperfectos   50. sin falta

Spanish for Medical Personnel

Prueba de vocabulario, Lección 5

1. infección / oído   2. vacunada / ferina   3. prueba   4. cubrir / ungüento   5. viene   6. turno (cita, hora)   7. recetar   8. costra

Examen final, Lecciones 1–10

1. apellido   2. peso   3. sangre   4. fruta   5. mantequilla   6. anteojos   7. naranja   8. fiebre   9. hierro   10. baja   11. embarazada   12. tobillos   13. evitar   14. nalgas   15. tos ferina   16. enfermedades   17. prueba   18. salpullido   19. el oído   20. unas gotas   21. viene   2. comer sólo la mitad de lo que come ahora   23. padece del   24. alimentos   25. maní   26. recién   27. hielo   28. atrás   29. ronca   30. la boca   31. ruido   32. en ayunas   33. hondo   34. la muela   35. morder   36. del juicio   37. las encías   38. sarro   39. una corona   40. una pasta dentífrica   41. empastarlas   42. Enjuáguese   43. al herido   44. se golpeó   45. puntos   46. unas radiografías   47. veneno   48. enyesárselo   49. muletas   50. hirviendo

Examen final, Lecciones 11–20

1. del corazón   2. una hemorragia   3. aconsejo   4. eliminar   5. ocurrió   6. apenas   7. tomar   8. un audífono   9. una bebida   10. medias   11. cálculos   12. un vaso   13. notado   14. condimentadas   15. de vez en cuando   16. Se quedó sordo.   17. electrocardiograma   18. fecha   19. lugares   20. enfermos   21. dudo   22. bajo   23. la bañadera   24. el botiquín   25. una cuna   26. agujero   27. consejos   28. una cortadura   29. la escuela   30. envenenarse   31. las pinzas   32. estufa   33. la quemadura   34. tomacorrientes   35. un vendaje   36. profunda   37. al sol   38. una curita   39. quemaduras   40. asusté   41. gatea   42. están solos   43. una caja   44. durar   45. pariente   46. murieron   47. punzante   48. despiertas   49. falta   50. padece

Spanish for Social Services

Prueba de vocabulario, Lección 5

1. juntos   2. reconciliación   3. que viene (próxima, entrante) / prisa   4. extranjera   5. hipoteca
6. fotografía   7. importa / traductores   8. póliza

Examen final, Lecciones 1–10

1. Bienestar   2. apellido   3. elegible   4. pagar   5. cuentas   6. llenar   7. país   8. fecha   9. solicitar
10. nacimiento   11. juntos   12. extranjeros   13. fotografía   14. propia   15. hipoteca   16. seguro
17. misma   18. refrigerador   19. reglamentos   20. alcanza   21. notificar   22. gastos   23. pasillo
24. viene   25. arreglos   26. alimentos   27. guardería   28. gana   29. mantener   30. página
31. preguntas   32. pronto   33. decirme   34. proyecto   35. ahorros   36. asisten   37. médico
38. cuida   39. hombro   40. jardinero   41. salud   42. efectivo   43. divorcio   44. sin falta
45. terminar   46. entrenamiento   47. agradezco   48. aprendí   49. beca   50. casarse

Examen final, Lecciones 11–20

1. maneja   2. dejar de   3. el brazo   4. abrir   5. la pierna   6. testigo   7. pega   8. se portó mal
9. cerveza   10. calmante   11. cuarto   12. miente   13. abierta   14. cansada   15. no nos llevamos
bien   16. dificultad   17. la bañadera   18. anotando   19. limpiar   20. unos parientes   21. camina
22. de al lado   23. la comida   24. la jubilación   25. se lastimó   26. cumplir   27. ¡Menos mal!
28. sangre   29. camas   30. aconsejo   31. un quiropráctico   32. pierna   33. un preservativo
34. despidan   35. la cárcel   36. borracho   37. pasar   38. preocupado   39. Se emborracha   40.
ponerme 41. agua   42. cuna   43. el botiquín   44. tapas   45. gatear   46. cumplió   47. del horno
48. venda   49. despertar   50. ratos

Spanish for Teachers

Prueba de vocabulario, Lección 1

1. presta   2. tabla   3. tarea   4. veces / demás   5. significa / sobresaliente / satisfactorio / mejorar

Examen final, Lecciones 1–10

1. la tiza   2. ayuda   3. firmar   4. leer   5. sobresaliente   6. copiar   7. dibujar   8. empiezan   9. la
página   10. al baño   11. operarlo   12. mayúscula   13. el artículo   14. el diccionario   15. bien
16. escribir   17. la ganadería   18. río   19. norte   20. un globo terráqueo   21. las tijeras   22. dibujar
23. cajón   24. mascar   25. pegar   26. el esqueleto   27. una coyuntura   28. al estómago   29. la
cara   30. los pulmones   31. envía   32. Las plaquetas   33. purificar   34. las venas   35. Los peces
36. cocodrilo   37. Las aves   38. columna vertebral   39. los mamíferos   40. la largartija
41. Castigar   42. lee   43. estudiar   44. gafas   45. la raíz   46. sol   47. apurarse   48. manos
49. esforzarse   50. la uva

Examen final, Lecciones 11–20

1. ortofrafía   2. reglas   3. corregido   4. se prepararon   5. última   6. almuerzo   7. abolió   8. Los
peregrinos   9. Mundial   10. Depresión   11. romanos   12. impar   13. divisibles   14. presta   15. falta
mucho a clase   16. simplifica   17. el sistema métrico   18. las máquinas simples   19. astronomía   20. de
materia   21. mide   22. sólido   23. la naturaleza   24. satélite   25. química   26. muñecas   27. al lado
mío   28. armar   29. ruido   30. se encuentran   31. sueldo   32. barato   33. en paz   34. canción
35. golosinas   36. practicas   37. cuerda   38. la parada   39. callado   40. grasa   41. sola   42. los
dientes   43. La abertura   44. la luz   45. abroche   46. empujes   47. lastimar   48. prevenir
49. Adivina   50. olvidaron

Spanish for Communication

Prueba de vocabulario, Lección 5

1. pensión   2. tiempo   3. frazada   (manta, cobija)   4. semana   5. estacionamiento   6. vacaciones
7. incluye   8. bañadera   9. cena   10. dueña

Examen final, Lecciones 1–10

1. azúcar   2. nuevo   3. queso   4. tomas   5. espera   6. lugares   7. el puesto   8. refresco   9. de
estatura mediana   10. damos   11. el veinticinco de diciembre   12. libre   13. caliente   14. vista
15. viajero   16. queda   17. la llave   18. cena   19. ducha   20. pensión   21. la frazada
22. estacionamiento   23. feo   24. adelantado   25. un pasaje   26. pasado mañana   27. confirmar
28. vuelta   29. hace escala   30. naranja   31. una película   32. despegar   33. abrocharse   34. mesita
35. cordero   36. línea   37. propina   38. cepillar   39. el camisón   40. conjunto   41. talla
42. mirando   43. a pie   44. calza   45. planchar   46. sandía   47. huevos   48. un vaso
49. zanahorias   50. nublado

Examen final, Lecciones 11–20

1. papel   2. un traje   3. el jarabe   4. anteojos   5. el ascensor   6. darte prisa   7. en la frente   8. le dio
una multa   9. robó   10. pulgadas   11. extranjera   12. deporte   13. un partido   14. grúa   15. sucio
16. sucedió   17. piezas   18. a la estación de servicio   19. andén número dos   20. litera   21. vuelto
22. atraso   23. promedio   24. en el suelo   25. peligrosa   26. quedarnos en casa   27. caña   28. butaca
29. cuenta   30. la matrícula   31. talonario   32. prima   33. bata   34. rompí   35. darle   36. enyesar
37. rodilla   38. escoba   39. pavo   40. una jarra   41. enchufar   42. revueltos   43. espinaca   44. seco
45. cucharada   46. ejercicios   47. préstamo   48. pesas   49. dietas   50. química